DIÁRIO DE NARCISO

DIÁRIO DE NARCISO
Discurso e afasia: análise discursiva de interlocuções com afásicos

Maria Irma Hadler Coudry

Martins Fontes
São Paulo 2001

Copyright © 1988, Livraria Martins Fontes Editora Ltda.,
São Paulo, para a presente edição.

1ª edição
fevereiro de 1988
3ª edição
julho de 2001

Preparação do original
Maurício Balthazar Leal
Produção gráfica
Geraldo Alves

Dados Internacionais de Catalogação na Publicação (CIP)
(Câmara Brasileira do Livro, SP, Brasil)

Coudry, Maria Irma Hadler
Diário de Narciso : discurso e afasia : análise discursiva de interlocuções com afásicos / Maria Irma Hadler Coudry. – 3ª ed. – São Paulo : Martins Fontes, 2001. – (Texto e linguagem)

Bibliografia.
ISBN 85-336-1457-8

1. Afasia 2. Afásicos – Linguagem – Testes I. Título. II. Série.

01-2951   CDD-616.8552

Índices para catálogo sistemático:
1. Afásicos : Distúrbio de linguagem : Medicina   616.8552

Todos os direitos desta edição para a língua portuguesa reservados à
Livraria Martins Fontes Editora Ltda.
Rua Conselheiro Ramalho, 330/340 01325-000 São Paulo SP Brasil
Tel. (11) 3241.3677 Fax (11) 3105.6867
e-mail: info@martinsfontes.com.br http://www.martinsfontes.com.br

ÍNDICE

Agradecimentos XI
Prefácio XIII
Apresentação XVII

PARTE I

APRESENTAÇÃO DO PROBLEMA E BASES TEÓRICAS

Introdução 3

Capítulo 1 — Descrição e crítica dos testes-padrão 5
1. Os testes-padrão avaliativos 6
2. Os testes como tarefas decontextualizadas 10
3. Prevalência, nos testes, da atividade metalingüística . 13
4. Outras insuficiências na avaliação por testes-padrão . 16

Capítulo 2 — A aplicação de modelos teóricos na afasiologia . 21
1. O estruturalismo saussureano 22
2. O modelo gerativo e transformacional de Chomsky .. 24
3. Conseqüências da transferência direta de conceitos teóricos da lingüística à afasiologia 27

Capítulo 3 — A afasiologia antes do estruturalismo lingüístico 35
1. Precedentes históricos 35
2. A prática de Lordat 38

Capítulo 4 — O quadro teórico que fundamenta minha prática 47
1. Alguns antecedentes teóricos 47
2. A concepção de linguagem e de língua natural 55
3. O projeto sócio-interacionista na construção de objetos lingüísticos 58
4. A análise do discurso 62
5. Observações sobre a subjetividade na linguagem 67

PARTE II

A PRÁTICA CLÍNICA DE AVALIAÇÃO E ACOMPANHAMENTO DOS SUJEITOS AFÁSICOS

Introdução 73

Capítulo 5 — Condições e estratégias da prática clínica 75
1. Condições de produção da linguagem 76
2. O conhecimento mútuo 79
3. O papel do acompanhante 83
4. Procedimentos avaliativos 85
   4.1. A agenda 85
   4.2. O álbum de retratos 87
   4.3. Caderno de atividades 88
   4.4. Interação com a família 89
   4.5. Fatos e atividades de interesse pessoal 92

Capítulo 6 — As dificuldades lingüísticas do sujeito P 95
1. A dificuldade de P na estruturação da oração 97
2. A mesma dificuldade em situações mais complexas . 108
3. Estratégias do investigador na construção do diálogo . 115
4. O processo de resolução das dificuldades lingüísticas em P 122
5. Evocação de paradigmas e de "frames" para a resolução das dificuldades 130

6. As dificuldades de P com o sistema dêitico da linguagem 139
7. A linguagem de P nos diálogos e narrativas espontâneas 146
   7.1. A expressão das relações dêiticas: disjunção entre a dêixis das flexões verbais e a especificação semântica do verbo 146
   7.2. Evolução de P em situações de narrativa espontânea 155

Capítulo 7 — As dificuldades lingüísticas de N 163
   1. O papel da especularidade na reconstrução da linguagem de N 164
   2. Comparação das produções lingüísticas de N em situações contextualizadas e em situações decontextualizadas 170
   3. Alguns cuidados na utilização de procedimentos heurísticos e avaliativos 180
   4. O problema tipicamente discursivo do sujeito L 186

Conclusão 193

Bibliografia 201

A Jean, Isabela e Paula.
Jean, pela cumplicidade e afeto destes quase vinte anos. Isabela e Paula, para que respondam em suas vidas perguntas que me fizeram:

    Isabela: quando você crescer que nem o pápi, vai parar de estudar?

    Paula: quando você vai terminar de encher tudo isso aí de letrinhas?

A meus pais, cada um à sua maneira.
A Cida Coudry.

Agradeço a especial participação neste trabalho dos meus orientadores — Carlos Franchi e Haquira Osakabe — que assumiram o desafio de elaborá-lo comigo e cujas reflexões incorporo. Agradeço, ainda, a colaboração de tantos outros colegas do Instituto de Estudos da Linguagem, entre os quais: Cláudia de Lemos — pelas longas discussões sobre os processos dialógicos de construção dos objetos lingüísticos —, Sírio Possenti — pelas reflexões comuns sobre teoria do discurso e pela revisão do texto —, Edson Françozo — pelas discussões sobre afasia e história da afasia —, João Wanderley Geraldi, Jonas Araújo Romualdo, Ester Scarpa, Tânia Maria Alkmin — pelas discussões dos corredores.

Fora do IEL, agradeço os professores Yvan Lebrun, Chantal Leleux e Luc de Vreese (de Bruxelas). A médica Renata Ferreira, que trabalhou comigo na avaliação e acompanhamento dos sujeitos afásicos.

Agradeço, sobretudo, a N, P e L, cuja presença como sujeitos de avaliação e acompanhamento neste trabalho não pode esconder a convivência afetiva e pessoal que mantivemos em um trabalho conjunto e rico de experiências recíprocas.

Este trabalho foi possível graças à colaboração recebida das instituições:

Fundação de Amparo à Pesquisa do Estado de São Paulo (FAPESP);

Conselho Nacional de Pesquisa e Desenvolvimento Científico (CNPq);

Institut Bordet de Neurochirurgie, de Bruxelas;

Hospital Irmãos Penteado e Serviço de Neurologia e Neurocirurgia Dr. Nubor Facure, de Campinas.

Prefácio

Relendo o *Diário de Narciso,* que li desde os primeiros esboços até à versão em forma de tese de doutorado, o livro me parece agora um livro de paixão. Maria Irma não consegue "esconder a convivência afetiva e pessoal" com os seus sujeitos, N, P e L. Foi nessa comunidade e mutualidade que puderam reconstruir a linguagem ferida por eventos neurológicos que os tornaram afásicos.

Sublinho primeiro esse aspecto, em um certo sentido, ético, para chamar a atenção do leitor para este ponto fundamental: a renovação de uma prática envolvendo relações entre pessoas, gente (e não somente nos processos clínicos, mas também nos pedagógicos, médicos, psicológicos, de avaliação, diagnóstico, orientação, aprendizado ou terapêutica), supõe, antes de tudo, uma renovação das atitudes e condutas. O profissional corre sempre o risco de ficar na ilusão de sua competência (nos dois sentidos de competência, de quem sabe e de quem pode): ele é quem programa, quem escolhe, quem observa, quem trabalha e quem diz. Mas não é essa a lição deste livro. O trabalho de reconstrução dos objetos lingüísticos perdidos é um trabalho conjunto, rico de experiências recíprocas, de relações intersubjetivas e pessoais em que se criam "os compromissos de uma cumplicidade, base para o estabelecimento das relações entre os interlocutores" afásicos e não afásicos. A prática não é somente uma lição sobre as coisas nem um conjunto de tarefas: é uma "práxis" social e socializada, uma atividade com partilha e participação. Sobretudo quando se trata da linguagem! Antes de ser forma para os exercícios explicativos da reflexão e da representação estrutural, "a linguagem é uma forma de vida". (Lembro Wittgenstein: "os problemas filosóficos", e as questões teóricas e mais ainda as analíticas e técnicas "nascem quando a linguagem entra em férias".)

Por isso, o leitor, antes de tentar refletir sobre a teoria lingüística, psicológica, biológica, afasiológica subjacentes e antes de se perguntar sobre receitas, técnicas e método, deve acompanhar a autora em seu esforço de interação, de constituição do espaço e tempo de sua prática. Visitar com ela a família dos afásicos, jantar com eles a lazanha e o frango com polenta, conversar com os acompanhantes, esforçar-se por construir o conhecimento mútuo indispensável para as condições pragmáticas da ação interpessoal, apegar-se à imaginação que elabora contexto e estratégias em que essa interação é possível, integrar os sujeitos e integrar-se a eles nas atividades: mergulhar nesse "processo dialético, de que todos fazemos parte", constituindo "as condições de interação, não como um limite dos acontecimentos discursivos mas como o lugar" (e único) "onde eles podem ocorrer". Contextualização: porque "o reverso dessa atitude, isto é, prescindir de quem diz, para quem se diz, em que situação se diz, como se diz, etc., coloca uma distância enorme entre os participantes, anula o sujeito afásico que não se integra no processo senão como 'paciente' ou objeto de investigação". Anula, na verdade, as possibilidades mesmas da linguagem.

Mas o *Diário de Narciso* não é somente um livro de paixão. Atitudes e conduta nascem de uma cuidadosa reflexão prévia: brotam de um discurso competente, como conseqüência de uma lógica impecável. Vou refazer sumariamente seus passos (para os que preferem a razão).

— A linguagem é concebida como uma atividade, como uma ação, como um trabalho social, histórico, que constitui não somente os recursos expressivos das línguas naturais e um modo próprio de representar a realidade, mas ainda as "regras" de utilização das expressões em determinadas situações de fato e em determinadas condições de uso. Não se trata de uma linguagem-objeto, mas de uma linguagem que se realiza.

— A gramaticalidade não é, por isso, derivada de uma necessidade lógica ou biológica, mas de uma "necessidade" antropológica e cultural. Enquanto lingüista, Maria Irma cuidou de evitar confundir linguagem e código (numa tradição pós-saussureana): a construção e interpretação das expressões não é uma questão de engenharia, um processo de codificação e decodificação que simplesmente pareia sinais e mensagens ou projeta a estrutura das expressões sobre a estrutura da realidade. Com sua formação biológica, conseguiu também evitar o risco de garantir esse processo em uma linguagem interna e inata, em um símile computacional no cérebro (da tradição pós-chomskiana). Ela fala de uma linguagem aberta e pública, cuja interpretação decorre da convergência e interdependência das estruturas lingüísticas e do contexto pragmático em que se usam.

— Por isso, a construção e reconstrução dos objetos lingüísticos têm que ser postas em uma perspectiva interacionista: não é trabalho de um sujeito encapsulado e só, mas trabalho conjunto em que esse sujeito se constitui, que se dá na ação com o outro e sobre o outro (atividade comunicativa) e com o outro sobre o mundo (atividade representativa). Sua fonte teórica se encontra no projeto sobre aquisição da linguagem e processos cognitivos de Cláudia Lemos e outros, no Departamento de Lingüística da Unicamp.

— Por outro lado, a análise e a interpretação dos objetos lingüísticos produzidos têm que ser postas na perspectiva do discurso. Não discurso como uma seqüência de expressões compreendidas em suas relações internas, mas discurso que envolve um "eu" e um "tu" (e um "muitos"!) nas situações de uso da linguagem, resultado (em sua produção e interpretação) de um conjunto de fatores que levam o processo a ultrapassar o código em ricas atividades inferenciais. Sua fonte é o trabalho paciente de Haquira Osakabe que estimulou e orientou a formação de pesquisas em análise do discurso do mesmo Departamento.

— O *Diário de Narciso* não é só um livro sobre a convivência na linguagem. É fruto da convivência pela metalinguagem de um sem número de pesquisas, num ambiente universitário que é, ainda, muito rico: incorpora as nuances, as convergências e divergências dessa reflexão. Escrito, embora, em uma versão intuitiva e aparentemente anti-teórica (de quem assume os riscos dos mal-entendidos para ser bem entendida), o leitor informado adivinha nas entrelinhas um arcabouço teórico sólido e bem correlacionado.

— Por isso, a avaliação dos distúrbios fásicos, a análise dos "dados", a prática reconstrutiva, possuem uma coerência e uma eficácia que... Mas não vale a pena descrever e discutir aqui essa prática.

Preocupo-me com o vício acadêmico dos que lêem os prefácios e meia dúzia de notas de rodapé e passam a citar e recitar os textos pela interposta pessoa do prefaciante. E o livro de Maria Irma é para ser lido, pacientemente, inteiro. Deve ser lido pelos que lidam diretamente com a afasia, com a terapêutica da fala, médicos, terapeutas ocupacionais, psicólogos, psicolingüistas, fonoaudiólogos (sobretudo os fonoaudiólogos!). Mas será lido, com muito interesse e proveito, por todos os que operam com a linguagem do outro, como os professores. (Quanto não se aprende sobre como praticar a prática da linguagem para "ensiná-la" e desenvolvê-la! Há no livro inúmeras passagens em que a transferência para situações em sala de aula é quase uma projeção geométrica.) E pode ser lido até por lingüistas e analistas do discurso. Por que "até"?

Carlos Franchi
Campinas, 17 de agosto de 1986

Este trabalho foi apresentado como tese de doutorado no Departamento de Lingüística do Instituto de Estudos da Linguagem (UNICAMP).

O meu interlocutor destas páginas iniciais é sobretudo o profissional da área médica, pois é para ele que devo fornecer um esclarecimento sobre meus propósitos ao realizar uma experiência inusitada (do ponto de vista da afasiologia contemporânea) com a avaliação e o acompanhamento terapêutico de sujeitos afásicos. Outros interlocutores podem se dispensar dessa leitura passando diretamente à Parte I.

O objetivo deste trabalho é menor do que se poderia esperar para uma investigação sobre a afasia hoje: não tenho compromissos com uma revisão bibliográfica na área ou ainda com a confirmação de hipóteses teóricas, descritivas ou clínicas. Tenho somente a intenção de estabelecer, a partir de um quadro teórico e mediante certos procedimentos analíticos, uma prática de avaliação e acompanhamento longitudinal de sujeitos afásicos: reformularei certas hipóteses de trabalho (com que a afasiologia vem colhendo e descrevendo seus dados de diagnóstico e mesmo orientando a prática terapêutica), descreverei alguns dos protocolos típicos de avaliação (em que a afasiologia segundo escalas diagnósticas quantificadas se baseia para uma classificação da afasia) e recolocarei as bases teóricas e práticas (com alteração de objetivos e atitudes) do acompanhamento clínico de sujeitos afásicos.

Não adoto, aqui, uma metodologia quantitativa no exame dos dados, pois minha prática clínica se origina em um processo de descoberta recíproca do investigador e do sujeito afásico, em um contexto de mútua interação que inclui, como fundo, a participação da família. Esse procedimento, embora experimental, não se baseia em uma instrumentação científica de experimentação; é ao contrário compatível com um processo hermenêutico em que as situações são interpretadas e iluminadas pela evolução do próprio processo. Trabalho, sobretudo, com hipóteses operacionais cujo objetivo é o conhecimento das dificuldades lingüísticas do sujeito e a elaboração conjunta dos instrumentos para reelaborá-las. Interessa-me menos a afasia (como objeto de investigação) e muito mais a prática pela qual o sujeito afásico se reconstitui e reconstitui sua linguagem. É claro que me esforço por situar minha descrição em princípios e estratégias que possibilitem uma generalização, no sentido específico que pode ter a generalização de uma prática.

Pode-se, porém, perguntar como justificar e validar este trabalho. Botha (1973, pp. 49-52) elenca vários fatores envolvidos na aceitabilidade das hipóteses científicas. Entre eles, refere-se a critérios pragmáticos, de certa forma exteriores aos procedimentos de validação, mas que suportam a prática científica. Por exemplo, o prestígio de quem levanta as hipóteses em jogo. Seria o caso de um pesquisador de muito renome ou prestígio de uma teoria, como uma hipótese chomskyana no domínio da teoria lingüística.

Ora, este trabalho aborda questões que apontam, pelo menos, para dois campos de estudo. Esse cruzamento interdisciplinar é que quero desfazer momentaneamente para refletir com fecundidade sobre a questão da aceitabilidade de que fala Botha. Do ponto de vista da ciência lingüística, podemos recorrer ao prestígio e respeito que as perspectivas teóricas de que me sirvo têm hoje na comunidade dos lingüistas. A concepção de linguagem orientada fortemente para o discurso é amplamente aceita para descrever e explicar os fenômenos da linguagem e processos de construção de objetos lingüísticos. E é certamente nessa direção que se orienta a construção dos novos paradigmas científicos nessa área.

Argumentos pragmáticos dessa ordem são frágeis, de um modo geral, e certamente mais frágeis se nos colocarmos do ponto de vista da afasiologia. Os afasiologistas poderiam discutir a eficácia ou ineficácia da prática que adoto em relação aos instrumentos que consideram indispensáveis: quantificação de resultados para a classificação da afasia, simplificação da teoria que justifica essa exigência quantificativa, aplicação objetiva dos testes bem como interpretação dos protocolos segundo escalas diagnósticas precisas, reduplicação da aplicação desses testes por inúmeros profissionais que atuam na área.

Mas minha prática e interesse envolvem necessariamente um sujeito afásico, com quem me relaciono e que está em um processo difícil de reintegração pessoal e social. Mais forte do que instrumentos de validação dedutiva, indutiva ou técnica, coloca-se uma questão ética fundamental. Botha (1973, p. 48) também se refere a esse aspecto da prática científica incluindo entre os vários fatores de validação de hipóteses "considerações éticas referentes à ação que resultaria ou que poderia ser realizada se a hipótese viesse a ser aceita". Refere-se a Cohen que "ilustra o papel desse fator determinante aduzindo o caso de hipóteses farmacológicas cuja aceitação teria conseqüências no tratamento de doenças". No exemplo de Cohen, o problema do farmacologista "é determinar se uma droga tem ou não efeitos tóxicos colaterais. Uma resposta a tal pergunta que sugira que tal droga não tenha efeito colateral algum '... pode levar à aceitação de evidências menos corroboradoras se a doença a ser tratada pela droga for freqüentemente fatal do que se nunca o for' ".

O que deve ser, pois, observado é que, além de uma avaliação mais abrangente, obtêm-se resultados terapêuticos no processo de reconstrução das dificuldades lingüísticas do sujeito com efeito positivo para o afásico em sua reconstituição como sujeito. Em outras palavras, adoto procedimentos avaliativos e terapêuticos que favorecem ao sujeito encontrar o que a doença apaga e ele próprio sublinha. Nesta forma de ação sobre a doença o sujeito acaba por suprir com singularidade faces comprometidas dos objetos lingüísticos: isso exige por parte do sujeito um trabalho permanente de conhecimento e reconhecimento de suas dificuldades para reconstruí-las junto com o investigador.

Refletindo esses propósitos, este trabalho se divide em duas partes: na primeira, critico a aplicação de certos modelos teóricos na prática afasiológica e exponho a concepção de linguagem e os instrumentos teóricos de que me sirvo para fundamentar minha prática. Na segunda, descrevo e analiso episódios do diário clínico de dois de meus sujeitos, para mostrar o modo como os avalio e como encaminho seu processo terapêutico. Nas duas, sintetizo um longo período de uma relação muito intensa e comprometida com os meus sujeitos afásicos. Se não, para que uma afasiologia?

A autora

Campinas, 1986

PARTE I

Apresentação do problema e bases teóricas

Introdução

Dividirei esta parte em quatro capítulos. No primeiro deles, levantarei os principais problemas relativos ao diagnóstico e avaliação mediante testes-padrão e à continuidade no processo terapêutico envolvendo sujeitos afásicos, criticando os aspectos em que esse processo se desvincula do exercício da linguagem em situações efetivas de vida social. No segundo capítulo, discutem-se quais seriam as contribuições da lingüística na reformulação dos critérios e procedimentos utilizados nessa prática: os modelos teóricos paradigmáticos (exemplificados pelo estruturalismo saussureano e pelo gerativismo chomskyano) são pouco adequados para fornecer uma base para fundamentar uma prática que envolve sobretudo aspectos da linguagem reduzidos por seus pressupostos metodológicos. Na resenha histórica que apresento no terceiro capítulo, procuro mostrar que o tratamento do sujeito afásico, baseado em intuições até certo ponto ingênuas, escolhiam perspectivas mais interessantes no que tange à avaliação da atividade lingüística do afásico.

No último capítulo, apresentarei uma concepção de linguagem e elementos teóricos do quadro de referência que fundamentam e justificam a prática que venho, experimentalmente, desenvolvendo e que será descrita na segunda parte.

CAPÍTULO 1

Descrição e crítica dos testes-padrão

A afasia se caracteriza por alterações de processos lingüísticos de significação de origem articulatória e discursiva (nesta incluídos aspectos gramaticais) produzidas por lesão focal adquirida no sistema nervoso central, em zonas responsáveis pela linguagem, podendo ou não se associarem a alterações de outros processos cognitivos. Um sujeito é afásico quando, do ponto de vista lingüístico, o funcionamento de sua linguagem prescinde de determinados recursos de produção ou interpretação.

O interesse deste trabalho circunscreve-se na análise de como as alterações de linguagem têm sido avaliadas pela neurolingüística e sobre qual visão de linguagem está assentada. A partir de uma grande inquietação com o modo como a linguagem vem sendo tomada pela neurolingüística contemporânea, desenvolvi uma prática clínica de avaliação e acompanhamento terapêutico no Serviço de Neurologia e Neurocirurgia Dr. Nubor Facure em que introduzo uma perspectiva interacional e discursiva de linguagem nos procedimentos avaliativos de meus sujeitos. De todo esse trabalho tem participado a médica

Renata Ferreira que, ainda, orienta os exames clínicos. A concepção teórica que fundamenta meus procedimentos opõe-se à metodologia de avaliação e terapia que caracteriza as principais tendências de estudo de linguagem da afasiologia e da neurolingüística.

O desenvolvimento da neurolingüística resultou em procedimentos avaliativos e analítico-descritivos (incluindo baterias de testes-padrão) que, de um modo geral, apresentam as seguintes inadequações:

— decontextualização das tarefas de linguagem propostas, simulando situações artificiais para uma suposta atividade lingüística;

— predominância de tarefas metalingüísticas que, embora necessárias para o diagnóstico, não podem substituir atividades lingüísticas e a consideração dos processos epilingüísticos envolvidos na reconstrução da linguagem pelo sujeito afásico;

— o fato de que a natureza das tarefas propostas corresponde a exercícios fundados na língua escrita, com um forte compromisso escolar (no pior sentido de "escolar"), quando não se reduzem a técnicas de abordagem do fenômeno para levantar fatos necessários à descrição acadêmica da afasia;

— insuficiência nos resultados empíricos: a perspectiva teórica reducionista do fenômeno da linguagem acaba por restringir os fatos justamente àqueles que não são nem os mais significativos nem os mais relevantes para caracterizar as dificuldades lingüísticas do afásico e fornecer subsídios para o acompanhamento.

Considero, pois, crucial a tarefa de rever os princípios que têm orientado a avaliação dos sujeitos afásicos. Esse foi o objetivo inicial de meu trabalho; ele foi porém estendido a um acompanhamento longitudinal conseqüente com a perspectiva adotada na avaliação: esta faz aparecerem diferentes fatos ou caracteriza os mesmos fatos sob outro ponto de vista, o que não pode ser desconsiderado na terapia.

1. Os testes-padrão avaliativos

Historicamente, os testes-padrão faziam-se necessários para localizar lesões cerebrais. Classicamente, era a partir de tarefas metalingüísticas (efetuadas ou não pelo paciente) que se localizava topograficamente a área cerebral acometida. Além disso os testes forneciam os critérios de classificação dos diferentes tipos de afasia.

Começo por advertir que é muito problemática essa correlação direta entre testes e localização topográfica porque os testes associam estatisticamente categorias de comportamento verbal a lesões, verificadas pós-mortem ou por métodos anátomo-clínicos. Por exemplo, Luria (1966, p. 106) mostra um histograma de pacientes com ferimento a bala que revela problemas no que chama de "perturbação da audição fonêmica"; à parte outras possíveis observações acerca do que está concernido nesse histograma (a própria noção de "perturbação de audição fonêmica"), podemos observar que é difícil encontrar na extensa obra desse autor motivação teórica forte para esse tipo de conclusão empírica. Em outras palavras, exige-se demais do teste metalingüístico clássico no sentido em que diagnóstico e reabilitação acabam por se apoiar apenas em uma correlação estatística.

Apesar de dispor-se agora de técnicas muito mais precisas (angiografia, tomografia computadorizada) para a localização das lesões e tipologia (clínica) dos afásicos, continua-se, ainda, a aplicar os mesmos testes com objetivos tipológicos pouco relevantes. Essa ruptura parcial do binômio localização-classificação e a conseqüente reutilização dos testes com mera função taxonômica obrigam-me a repensar a propriedade dos testes-padrão para a avaliação dos distúrbios fásicos e, por outro, a investigar outras alternativas.

Deixem-me apresentar, exemplificativamente, uma lista das tarefas mais usuais que são propostas ao afásico nas baterias de testes-padrão, para servir de referência à crítica que farei nos parágrafos seguintes. Não me preocuparei em caracterizar modelos específicos desses testes, elaborados por diversos especialistas e instituições (como o "The Minnesota Test for Differential Diagnosis of Aphasia" de Schuell, "Neurosensory Center Comprehensive Examination for Aphasia" de Spreen e Benton, "Functional Communication Profile" de Taylor Sarno, "Boston Diagnostic Aphasia Test" de Goodglass e Kaplan, etc.); elenco tarefas que são representativas, do ponto de vista lingüístico, da maioria dessas baterias de testes:

1 — repetição de "fonemas" ou de palavras monossilábicas em que se pede ao paciente que reproduza sons produzidos pelo investi-

gador ou a partir de uma lista impressa de palavras monossilábicas comuns;

2 — repetição de logatomas (palavras que não existem na língua do paciente mas com o mesmo padrão fonológico) visando avaliar o reconhecimento, por parte do afásico, do sistema fonético-fonológico de sua língua;

3 — soletração e repetição de palavras;

4 — discriminação de palavras pareadas (de parônimas como pato-bato, fato-fado, etc.);

5 — formação de palavras a partir de fonemas iniciais;

6 — denominação de objetos (apresentados diretamente ou sob figuras e fotos) oralmente ou por escrito ou identificação do objeto, entre outros na figura, a partir de seu nome, visando a verificar a capacidade de nomear ou a de compreender um nome;

7 — exercícios de linguagem automatizada (séries dos dias da semana, dos meses do ano, dos números, etc.);

8 — verificação da fluência verbal mediante listagem de animais, países, profissões, flores, etc.;

9 — definição de palavras fornecidas pelo examinador;

10 — completar frases;

11 — formação de frases simples a partir de palavras fornecidas pelo examinador;

12 — descrição de uma figura: pede-se ao paciente que descreva os aspectos mais importantes de um quadro;

13 — compreensão de frases simples, semicomplexas e complexas conforme o número de expansões de frases elementares;

14 — explicação de provérbios;

15 — exercícios sobre a morfologia e sintaxe da língua (dar o plural, o feminino de um nome, formar a passiva de uma frase);

16 — exercícios sobre algumas relações semânticas (dar o antônimo ou o sinônimo de uma palavra ou locução, etc.);

17 — repetição de parágrafos lidos pelo examinador;

18 — leitura em voz alta de palavras, frases, parágrafos;

19 — leitura silenciosa de parágrafos acompanhada de questões visando a avaliar sua compreensão;

20 — cópia de palavras e parágrafos;
21 — ditados de palavras e frases;
22 — fala espontânea (dar informações sobre dados pessoais, onde mora, onde trabalha, etc.);
23 — escrita espontânea (como em 22).

O sucesso ou insucesso do afásico em um ou mais desses testes serve como critério de classificação do tipo de afasia que o sujeito porta. A título de exemplificação, se o paciente falha em tarefas de compreensão, repetição, nomeação, fala espontânea, escrita e leitura, Luria (1977) o classifica como afásico sensorial (no sentido da dicotomia usual nos estudos de afasiologia entre o sensorial [compreensão] e motor [expressão]). Já a afasia transcortical motora, segundo o mesmo autor, se caracteriza por dificuldades na fala espontânea, na repetição de séries de palavras, repetição de sentenças, nomeação de figuras complexas, em contar histórias em que introduz elementos não pertinentes ao tema. Na afasia semântica, observam-se sintomas como a dificuldade de compreensão de frases complexas (que contenham, por exemplo, conectivos, comparativos, dupla negação, a forma genitiva do inglês, o estabelecimento de relações entre elementos lingüísticos a certa distância na construção, etc.). Lebrun e Leleux (1979) e Huvelle e outros (1979) descrevem a afasia de condução (motora) a partir de problemas na repetição de sons, palavras e sentenças, de paragrafias "fonêmicas", de denominação e de expressão verbal. A afasia amnéstica ou anomia, como o próprio nome indica, se identifica pela dificuldade de evocação de nomes (de "palavras de conteúdo específico" — Lebrun e Leleux) diante de objetos, fotos, gravuras e nas descrições e relatos.

Apesar das correlações estatísticas que se podem estabelecer no estudo empírico entre tais sintomas e determinados tipos de lesão cortical, deve-se advertir para os cuidados que merecem tais procedimentos classificatórios. É claro que para certos propósitos, os testes servem ao diagnóstico tipológico. Mas talvez só ao diagnóstico. O fato de um sintoma ou conjunto de sintomas permitirem eventualmente uma classificação correta não assegura a via explicativa do fenômeno descrito. Observando os resultados do sujeito em tarefas específicas não se têm as indicações relevantes para a compreensão dos processos envolvidos e, conseqüentemente, não se têm pistas para a reelaboração de suas dificuldades.

2. Os testes como tarefas decontextualizadas

Foi, talvez, Hughlings Jackson (1884) o primeiro afasiologista a introduzir as sementes de uma distinção entre tarefas contextualizadas e decontextualizadas nos estudos da afasia. Jackson menciona a diferença de desempenho dos pacientes que falham em nomear o objeto ou produzir uma expressão em situações de teste, utilizando porém o nome ou expressão em sua fala subseqüente (sobretudo quando comentam a própria dificuldade). Alguns pacientes, solicitados a repetir a palavra "não" ou a nomear um objeto, como "tinteiro", comentam: "*Não, doutor, eu não consigo dizer não*", ou "Oh! Eu esqueci como se chama esse *tinteiro.*" Para Jackson, esse exemplo mostra que tais pacientes conseguem apenas utilizar a palavra em questão em um "contexto involuntário", o que o levou a descrever diferentes "níveis da organização" da linguagem ou processos mentais no cérebro (mais do que olhar para sua "localização") em que os pacientes falham. Esses processos dizem respeito à "re-presentação" ou mesmo "re-re-presentação" em diferentes níveis do cérebro (em Luria, 1977, p. 9).

Exemplos semelhantes podem ser encontrados em muitos livros-texto da neurolingüística. Lebrun, em seu *Tratado de Afasia* (1983, p. 37), relata o conhecido exemplo de Goldstein (1933) em que um de seus pacientes com afasia amnéstica não conseguiu nomear guarda-chuva no teste de denominação. No entanto, respondeu ao examinador: "Não posso me lembrar de como isso é chamado, porém tenho diversos guarda-chuvas em casa." Goldstein (1948) fornece outros exemplos desse mesmo tipo de comportamento verbal. Em um teste de fluência verbal, uma de suas pacientes, solicitada a compor uma lista de animais, disse: "um urso polar, um urso marrom, um leão, um tigre" — porque esses eram os primeiros animais que avistava ao entrar no zoológico de sua cidade. Outra de suas pacientes não conseguia definir "solteira"; no entanto, informou que "morava em um apartamento de solteira".

Em todos esses episódios, o sujeito afásico não é bem-sucedido na tarefa proposta pelo examinador, mas contextualiza em seguida a resposta esperada que não fora capaz de evocar. Observe-se que, nas situações de teste, o examinador cria uma situação não usual para o exercício da linguagem. Podemos, é claro, imaginar situações em que efetivamente precisamos pedir ao interlocutor que repita o que disse, que enumere uma lista de objetos, que nos defina uma palavra, etc., porque não o entendemos ou por outra razão qualquer. Nesse caso, esses pedidos seriam perfeitamente relevantes para os propósitos discursivos e para a intenção significativa dos interlocutores. É bem diferente o que ocorre nos episódios comentados.

Em primeiro lugar, não se leva em conta a situação especial de interlocução entre um sujeito não afásico (que além disso projeta a imagem do examinador) e um sujeito afásico: percebe-se facilmente como isso agrava o grau de dificuldade que a decontextualização da produção lingüística pode ocasionar. O examinador ocupa uma posição de domínio da interlocução e detém um saber sobre o afásico e sobre a linguagem (muito próxima do saber "escolar") a respeito do qual quer testar o sujeito, de modo a desfazer a simetria e interação indispensáveis ao exercício da linguagem. Fica evidente que esses tipos de tarefa (nomear, definir, listar, repetir, etc.) excluem o interlocutor da situação de interlocução; esta é construída do ponto de vista do locutor-examinador, mesmo que sob a aparência de um pedido para que o afásico fale.

Em segundo lugar, essas tarefas (porque são tarefas) não possuem, da linguagem, o seu papel de representação de experiências efetivas sobre si próprio, sobre os outros e sobre o mundo: são atemporais, não localizadas em um espaço concreto. Pelos parâmetros desses testes, igualizam-se todos os sujeitos como se não tivessem outra história pessoal que a do episódio neurológico comum: deixam de ser sujeitos, para ser simplesmente um elemento da categoria "afásico". Assim, anulam-se todas as coordenadas do diálogo.

Quando, pois, nos episódios acima, o afásico, apesar de não atender ao que solicita o examinador, incorpora a resposta esperada na fala subseqüente, é que nesta ele a situa em relação a sua própria experiência da dificuldade nos testes: na instância mesma de dizer "eu esqueci", "eu não sei como chama", etc., emergem as palavras em questão. Nos exemplos de Goldstein, podemos dizer que sua paciente categoriza os animais segundo um quadro de referência que ela constrói a partir de uma experiência particular. Por isso, Goldstein fala em "perda do pensamento abstrato ou categórico". O que fica sem explicar é por que ela fornece a lista de animais que forneceu (e não outras possíveis) ou se refere a um apartamento de solteira. Dada a artificialidade do teste, ela recorre, em sua dificuldade, a uma experiência concreta em que pode contextualizar sua locução.

O afásico, com suas respostas, testemunha o caráter externo que lhe foi conferido (na medida em que é excluído da interlocução) e até mesmo consegue resgatar seu lugar no jogo lingüístico. Um de meus sujeitos afásicos mostra uma perfeita compreensão desse problema. Ele distingue claramente a situação natural de discurso em que consegue utilizar melhor as palavras, das tarefas de denominação em que fracassa:

(1) INV. [investigador] — O senhor está sentado onde?
N. — Cadera. (E acrescentou:) Se você tivesse perguntado o nome, eu não sabia. Mas assim lembro. Se pergunta "o que é isso", não sai.

Parece claro que não se trata pois de uma distinção entre "voluntário" e "involuntário", a que se refere Jackson; os exemplos levantam questões que vão bem além disso. Trata-se de uma contraposição entre situações de atividade verbal decontextualizadas e situações contextualizadas, provocadas pela unilateralidade do ponto de vista do examinador.

Deve-se observar que não se trata somente de uma questão terminológica. Há uma mudança de perspectiva teórica: a concepção de linguagem já não é a mesma, contrapondo-se a uma questão de "expressões" analisáveis uma insistência nos processos envolvidos na construção dessas expressões e o papel dessas expressões nas situações discursivas. Quando falo que deixa de haver uma interlocução é porque não vejo interlocução em situações de respostas evocadas a partir de estímulos, mesmo que verbais: na interlocução deve sempre haver interação e assunção por parte dos interlocutores de seus diferentes papéis discursivos. Além dessa alteração de pressupostos, modificam-se os propósitos da prática descritiva e clínica: por um lado privilegia-se um certo objeto teórico chamado "afasia", por outro a preocupação se desloca para o sujeito afásico e sua reconstituição como sujeito. O diagnóstico é simplesmente um ponto difuso de partida para uma prática que vise à reconstrução da linguagem do sujeito em sua prática social, a busca de outros recursos de significação que lhe permitam essa prática, independentemente de que os sintomas persistam indefinidamente nas situações artificiais de teste. O ponto importante é que esses novos pressupostos e propósitos somente podem realizar-se na perspectiva do discurso.

Pode parecer que em vários tipos de testes-padrão se chega a tarefas discursivas. A maioria deles diz respeito a unidades lingüísticas menores que a frase (fonemas, nomes, palavras, relações entre palavras e objetos) e outras, a frases. Algumas se estendem a parágrafos e pequenos trechos. Neste caso, ultrapassando-se o limite das frases, poder-se-ia falar em "discurso" em uma concepção de discurso que não utilizasse outro critério senão o extensional. Mas não é essa concepção de discurso a que me refiro: como veremos melhor no capítulo quarto desta parte, interesso-me pela natureza do ato discursivo, que envolve inúmeros fatores verbais e não verbais, incluindo todas as condições de sua produção.

3. Prevalência, nos testes, da atividade metalingüística

Lebrun, referindo-se às observações de Goldstein a respeito da "perda do pensamento abstrato ou categórico", identificada pela dificuldade de encontrar palavras em tarefas de nomeação que surgem mais facilmente na vida diária, busca uma melhor explicação a partir da dicotomia metalinguagem-linguagem objeto: "A incumbência de falar os nomes é metalingüística. Ter que nomear um objeto, que lhe é mostrado, é ser confrontado com a pergunta: 'Que palavra usamos para designar este objeto?'. A resposta metalingüística a esta pergunta torna-se freqüentemente muito difícil e o afásico amnéstico retorna a uma reação lingüística." (Lebrun, 1983, p. 36)

Essa divisão dos comportamentos verbais do afásico, de um lado o déficit na atividade metalingüística (o "contexto voluntário" de Jackson) e de outro a superação desse déficit no uso da linguagem-objeto (isto é, da linguagem) há muito me vem intrigando. A observação de Lebrun abre novos caminhos à reflexão: será que os pacientes falham em tarefas metalingüísticas por sua dificuldade com esse tipo de tarefa ou por outros fatores, como a exclusão do contexto que discutimos no parágrafo anterior? Sejam quais forem esses outros fatores, a atividade metalingüística tem de fato características que introduzem fatores específicos que podem explicar a dificuldade do sujeito afásico nos testes.

Vale a pena fazer um parêntesis para estabelecer distinções entre linguagem, metalinguagem e, depois, epilinguagem. A atividade metalingüística corresponde a tomar a linguagem como um objeto de reflexão e a falar sobre esse "objeto". A constituição da linguagem, enquanto objeto, implica a construção de um sistema nocional que possibilita caracterizar a linguagem-objeto e representá-la em um sistema de referência em que a metalinguagem possa ser interpretada. A atividade metalingüística "suspende", pois, a linguagem para torná-la um objeto de observação, descrição e representação: é preciso tomar uma certa distância em relação à atividade lingüística para construir esse sistema nocional e sua metalinguagem representativa.

Tem razão Lebrun em considerar que os testes, de um modo geral, envolvem tarefas metalingüísticas, sobretudo quando ele se refere explicitamente a termos e noções do sistema gramatical, sejam da gramática tradicional (nome, verbo, etc.), sejam os que correspondem a conceitos fixados em determinados quadros teóricos (como fonema, sintagma, transformação...). O agravamento das dificuldades de desempenho do afásico nessas tarefas pode mesmo não ter nada a ver com a capacidade de atuar metalingüisticamente: o sujeito se serve de expressões metalingüísticas quando fala de "perguntas", "respostas", "vou concluir minha opinião", etc. Mas pode, por razões de escolaridade, não estar familiarizado com as noções da gramática tradicional (o que observei com alguns pacientes brasileiros). Mas devemos ir um pouco mais fundo nessas razões.

Em outros domínios de avaliação, tenho observado que comandos de ação (que não envolvem qualquer aspecto metalingüístico) também têm o condão de agravar as dificuldades dos pacientes. Por exemplo, o que se passa em testes de avaliação de distúrbios de linguagem (de desenvolvimento, de escolaridade, etc.), em crianças, realizados por fonoaudiólogos — "ande de gatinho e abrace uma cadeira", "pise em ovos, ponha uma régua embaixo do braço e empine um papagaio" na expectativa de um comportamento mímico correspondente — para avaliar a compreensão de ordens verbais. São procedimentos sugeridos em manuais de avaliação bastante utilizados. Obviamente crianças malsucedidas nesses testes de avaliação obedecem a comandos desse tipo nas situações em que eles "fazem sentido": andam de gatinho nas brincadeiras, abraçam pessoas, empinam papagaio, pandorga, pipa e maranhão.

A semelhança entre os dois tipos de testes está em que os comandos não correspondem a uma atividade lingüística habitual ou cotidiana: não se reproduzem as relações de interlocução, não se tornam claras as intenções discursivas, não se contextualizam, portanto, as expressões verbais. Tanto o sujeito afásico como as crianças avaliadas são pacientes, no sentido mais amplo de "paciente": estão excluídas de um papel ativo na orientação do discurso, são objetos de observação por critérios que desconhecem, não tendo pois quaisquer pistas para interpretar os comandos, fazer inferências, apreender por qualquer processo a intenção significativa dos examinadores.

De um modo geral, os afasiologistas replicariam que, exatamente por isso, porque os sintomas são mais visíveis em atividades decontextualizadas e metalingüísticas, é que se devem aplicar os testes-padrão: é por aí que se tornam esses sintomas mais visíveis e se pode obter um diagnóstico mais seguro. O problema está em que, como já observei, tais procedimentos não permitem uma relação eficaz entre diagnóstico e prática terapêutica: a classificação tipológica não evidencia os processos envolvidos nas dificuldades do afásico e não fornece instrumentos para abordá-los na reconstrução de sua linguagem. Mais do que isso, a falta de uma perspectiva discursiva não revela aspectos importantes dessas dificuldades que não são observáveis nos resultados verbais obtidos no teste. Voltarei a isto no último parágrafo.

Talvez o aspecto mais grave é que, nesses testes, se priva o sujeito da atividade epilingüística indispensável à construção e reconstrução da linguagem e priva-se o investigador de conhecer esse percurso pessoal (variável de sujeito a sujeito). Chama-se epilingüística a atividade do sujeito que opera sobre a linguagem: quando o sujeito explora recursos de sua linguagem e reutiliza elementos na construção de novos objetos lingüísticos até para produzir certos efeitos (rimas, trocadilhos, humor, novas formas de construção); quando o sujeito, a partir dos fatos lingüísticos a que foi exposto ou que produz, elabora hipóteses sobre a estruturação da linguagem ou sobre formas específicas de uso. No caso do sujeito afásico, essa atividade tem um valor reconstrutivo na busca de alternativas à resolução de suas dificuldades, na retomada de elementos da fala do outro ou de si mesmo em turnos anteriores para reelaborá-los, quando se serve de discursos anteriores para reorganizar um novo discurso. Essa atividade muitas vezes se explicita ao examinador nos silêncios, nas parafasias, nas contaminações, autocorreções e mesmo quando expressa sua tensão e insegurança ("Como é que chama?" "Eu sei mas não lembro", etc.).

Epilinguagem se distingue, pois, de metalinguagem porque aquela se vincula ao sujeito e todas as suas relações com a própria linguagem, com o outro e com a situação em que opera. Está dentro da linguagem e ligada diretamente ao uso efetivo da linguagem, nessa relação de "interioridade-exterioridade" que constitui a linguagem, a que se refere Culioli (1970, p. 3). Faz parte da constituição (re-constituição no caso do afásico) do sujeito e da construção (re-construção) da linguagem. Ao contrário, na atividade metalingüística olha-se a linguagem de seu exterior para descrevê-la em um sistema nocional.

Em síntese: a atividade epilingüística recobre operações diversas sobre a linguagem, como transformar, segmentar, reordenar, reiterar, inserir, fazer escolhas e, mesmo, pensar sobre a linguagem e os processos de construção em que está envolvida. Nas situações de discurso, em que estão em jogo a partilha das pressuposições fatuais, o conhecimento mútuo, as intenções do locutor, a imagem de cada um para o outro, etc., pode-se até falar em uma atividade epidiscursiva: muitas passagens do discurso envolvem uma "negociação" explícita destas condições, um ajuste e reajuste recíproco para garantir a eficácia da interação. Ao contrário da limitação dos testes, deve-se buscar conhecer esse percurso epilingüístico interior e essa atuação epidiscursiva interpessoal que se manifestam, a todo momento, no acompanhamento longitudinal.

4. Outras insuficiências na avaliação por testes-padrão

Algumas das tarefas propostas nos testes têm um conteúdo capaz de estimular atividades epilingüísticas (como as de transformar frases simples, construção de frases a partir de palavras dadas, etc.), pois levam o sujeito a operar sobre a linguagem para executá-las. No entanto, as condições de produção desses testes não favorecem ao desencadeamento dessa atividade e as hipóteses e reflexões que o sujeito eventualmente monta e manifesta perdem-se por não estar essa atividade incorporada ao ponto de vista do examinador. Basta rever o exemplo de Jackson sobre a repetição do não ("Não, doutor, eu não consigo dizer 'não' ") que, mesmo tendo merecido comentário específico, não foi considerada como tarefa bem-sucedida. De um modo geral, simplesmente se contam entre os erros quaisquer recursos alternativos que o sujeito utilize para solução de sua dificuldade. Recomenda-se ao examinador que não considere, por exemplo, na tarefa de denominação, as respostas em que o sujeito recorra a descrições definidas via atributos ou função; não se consideram, nesse caso, os aspectos relevantes dessas respostas para o processo de categorização que, por assim dizer, recua para os processos constitutivos de fixação de papéis e análise de traços categoriais característicos. Embora o fato seja amplamente conhecido dos afasiologistas, não se pergunta: Por que responde pela função ou atributo? Qual o estatuto teórico desse tipo de resposta? A resposta a essas questões é que daria a um investigador mais sensível pistas dos processos que se passam no sujeito e pistas para o acompanhamento. Outro exemplo: se o sujeito, a uma pergunta do investigador, utiliza uma resposta em eco ou contaminação, como em

(2) — O senhor pode repetir "porta"?
— Pode, pode, posso.

o examinador inventariaria mais esse dado entre os sintomas de uma determinada afasia, sem se perguntar o que significa para o sujeito retomar a fala ou trechos da fala de seu interlocutor para reelaborar sua dificuldade.

O examinador, pois, na aplicação habitual dos testes, mesmo diante de episódios manifestos de uma atividade reconstrutiva por parte do sujeito, mantém uma atitude metalingüística, isto é, o valor que ele recolhe dos testes diz respeito ao que serve para a descrição desse objeto — "afasia" — e não para os processos em que se envolve o sujeito afásico. Esse ponto de vista descritivo, visando a um diagnóstico e a uma tipologia, determina os critérios de relevância dos resultados e lhes confere o estatuto de "dado" numerável e quantificável para as correlações estatísticas.

Quando não, isto é, quando o examinador se preocupa com a correção das dificuldades, ele se serve dos testes para exercícios mecânicos que incidem somente sobre os sintomas: se o sujeito é anômico, a ordem é insistir nos exercícios de denominação em que ele continuará fracassando; se não repete, o terapeuta insiste em exercícios de repetição, sem reorganizar as condições artificiais dos testes em atividades contextualizadas e espontâneas. A crítica que se pode fazer é semelhante à crítica de Emília Ferreiro (1984) a exercícios mecânicos na aquisição da leitura, como ditados e cópias, em que também existe uma perda da especificidade da linguagem pelo esvaziamento total de significação.

Nessas condições é importante pelo menos exemplificar a insuficiência dos testes mesmo para um diagnóstico cabal. Por meio deles não se conseguem ver aspectos da linguagem tão ou mais importantes, para a prática terapêutica, do que as falhas em nomear, em repetir, etc. Observem a diferença da avaliação quando, além dos testes, se serve de situações dialogais contextualizadas, nos três exemplos a seguir:

(3) [O investigador e N conversam sobre as dificuldades lingüísticas que N vem sentindo desde o episódio neurológico.]

INV. — A maioria das coisas o senhor consegue falar?

N. — *Consegue, consegue, consigo.*

Manifesto ao sujeito minha preocupação com seu estado e o diálogo se contextualiza na situação da prática clínica e no quadro das dificuldades do sujeito. A resposta não pode ser analisada somente como respondendo a um estímulo, isolada desse contexto. A retomada pelo sujeito de elementos de meu turno — um processo de especularidade fundamental na aquisição da linguagem e, pois, na reconstrução dela, como veremos melhor — não deve ser reduzida a um sintoma de natureza contaminativa e ecolálica mas como parte dessa reconstrução. É justamente por ela que N deixa transparecer procedimentos epilingüísticos pessoais de que necessita para reelaborar, ele mesmo, o produto final de sua fala.

(4) [Investigador, N e sua filha conversam sobre as Olimpíadas de 1984 e sobre futebol. O fragmento abaixo toma o diálogo mais longo no momento em que os interlocutores querem saber o time para o qual torce o outro:]

N. — Sou Palmeiras, mas agora [...] que você tem?
INV. — Que que eu sou?
N. — Que que eu sou [...] mas [...]
INV. — Que que *eu* sou ("eu" fortemente acentuado).
N. — É.

(O símbolo "[...]" indica, daqui para a frente, uma pausa.)

Uma avaliação habitual poderia ficar somente na consideração dos elementos contaminativos e ecolálicos deste episódio. Por um lado, N procede como no exemplo anterior, servindo-se de minha fala como base para a construção conjunta da significação. Mais importante, porém, é o fato de que N mostra uma dificuldade com a reversibilidade dos papéis no diálogo, um problema discursivo que a situação de teste sequer coloca. Mesmo para os propósitos mais estreitos do diagnóstico, a avaliação em situações dialógicas contextualizadas pode fornecer contribuições de fenômenos ainda não explorados. Mas o procedimento se torna mais que útil, indispensável, quando relacionamos este fato entre os aspectos a considerar na continuidade do processo terapêutico.

(5) [Investigador busca aumentar seu conhecimento de N e P.]
a) INV. — O senhor fuma?
N. — Não, puta-que-pariu. Não fumo mais.
INV. — Faz tempo que parou?
N. — (Olhou para a filha) [...] depois [...] (e mostrou o corte da operação).

b) INV. — O senhor fuma?
P. — Não.
INV. — Nunca fumou?
P. — Não.

No exemplo (5a), o investigador não precisou fazer a segunda pergunta que fez a P, dado o pressuposto na primeira resposta de N de que já havia fumado anteriormente (de fato, quem diz — "não fumo mais" — responde à pergunta do interlocutor e revela ao mesmo tempo a pressuposição de que antes fumou). O modo diverso de N e P responderem à questão altera a continuidade discursiva; mostra ainda que a significação não vem pronta do sistema lingüístico mas se constrói na consideração de uma conjunção de fatores. Isto é justamente o que os testes desconsideram. Esse episódio mostra, ainda, que N e P se diferenciam no modo com que lidam com recursos implícitos e explícitos e que o ajuste entre interlocutores nem sempre se faz da mesma maneira. Eis outro aspecto discursivo relevante para a prática clínica, para o qual o episódio alerta o investigador, ao contrário dos testes-padrão.

Esses três exemplos, que poderiam ser multiplicados com elementos da descrição que farei na segunda parte deste trabalho, indicam já que não basta justificar os testes-padrão pelos diferentes tipos de afasia que revelam. Veja-se que uma concepção de linguagem como um código não mostraria diferenças entre os sujeitos pois em todos se advertem problemas de natureza discursiva que envolvem outros fatores do que os observáveis no material lingüístico. Os testes igualariam os sujeitos (inclusive do ponto de vista da variação lingüística) e não forneceriam um diagnóstico completo: esses problemas, fundamentais para a reconstituição do sujeito afásico, estão simplesmente descartados como se fossem marginais. Ora, não se pode mais dizer hoje em dia que tais questões não sejam questões intrinsecamente lingüísticas e questões de linguagem.

Nos testes-padrão, por serem uma prática decontextualizada, por insistirem em atividades e atitudes metalingüísticas (nos resultados esperados e na observação), por lidarem com materiais lingüísticos filtrados de fatores discursivos importantes, não se avalia, na verdade, a linguagem.

CAPÍTULO 2

A aplicação de modelos teóricos na afasiologia

As críticas e questões que levantei a propósito dos procedimentos de avaliação e acompanhamento do sujeito afásico decorrem, como já observei, da instauração de um ponto de vista diferente — os diferentes pressupostos teóricos com que observo, enquanto lingüista, os fenômenos relativos à linguagem e, pois, à afasia. Jackson já sugeria, em 1915, a participação de lingüistas na investigação dos diferentes aspectos da linguagem afetados pela afasia e Roman Jakobson, em 1956, convocava os lingüistas para "empreenderem uma pesquisa conjunta" sobre esses aspectos (cf. Jakobson, 1963, pp. 43-44). E de certo modo não há mesmo outro caminho: em um domínio interdisciplinar e sobretudo quando se trata de orientar uma prática (a avaliação e a prática clínico-terapêutica) fica difícil ao investigador aprofundar a reflexão e a informação nos avanços importantes ocorridos em todas as áreas interligadas. Os lingüistas tomam muitas vezes os dados da afasia mais como elementos de confirmação externa de sua descrição da linguagem. Os afasiologistas, por seu lado, embora busquem entender o fenômeno afásico em sua totalidade, enxergam a linguagem pela fresta estreita de descrições gramaticais e modelos redutores, porque elaborados com outros objetivos teóricos. Para não estender além de meus propósitos essa discussão, referir-me-ei neste capítulo a dois momentos paradigmáticos da lingüística — a Saussure e a Chomsky — autores que têm sido bastante citados e utilizados na afasiologia.

1. O estruturalismo saussureano

É já lugar comum dizer que a constituição da Lingüística como ciência aconteceu a partir de Saussure, com o *Cours de Linguistique Générale,* publicado em 1916. Esse texto contém, na verdade, um programa metodológico ainda fecundo que começa por delimitar, para os efeitos da elaboração teórica, o objeto de uma lingüística "autônoma".

Em primeiro lugar, Saussure estabelece a tarefa da lingüística como a da descrição sistemática dos fatos das línguas naturais. Mas há fatos e fatos: devem-se fixar os critérios de relevância que atribuam aos fatos um estatuto teórico; em outros termos, recortar na massa amorfa dos fenômenos os que devem ser considerados como suscetíveis de um tratamento estrutural. As reduções epistemológicas do programa saussureano são:

— a seleção dos fatos em um estágio considerado de uma língua natural, com o que coloca à margem as variações lingüísticas históricas; a oposição da sincronia à diacronia;

— a exigência da recorrência e regularidade convencional e socializada no uso da língua natural, com o que exclui de seu interesse a utilização variada da linguagem pelo sujeito; isto é, a oposição do sistema lingüístico à fala;

— a exclusão metodológica de quaisquer categorias e operações que envolvam sistemas exteriores (sociais, psicológicos, físicos) à própria língua.

Essa oposição entre língua, enquanto sistema, e fala, enquanto utilização do sistema na prática comunicativa, é mais significativa na reflexão que faço. A constituição da "língua" como o objeto da descrição teórica, resultante desse processo de abstração, corresponde a uma profunda alteração de rumos em relação aos estudos lingüísticos que precedem Saussure. Hjelmslev (1943) salienta que este, ao introduzir um ponto de vista estrutural e abstrato na lingüística, se contrapôs aos estudos das línguas naturais centrados nos "atos individuais" de linguagem. Na lingüística pré-saussureana, "o problema definitivo e capital era a causa das trocas lingüísticas que se buscavam nas variantes e nos deslizes de pronúncia, nas associações espontâneas, na ação da analogia". Reduzia-se a linguagem "à soma dos atos individuais" (Hjelmslev, 1943, p. 78). Hjelmslev se refere certamente a H. Paul (não muito generosamente), quem, de fato, condenava todas as "especulações" das gramáticas descritivas: estas registram "formas e condições gramaticais usadas numa determinada época, dentro de uma mesma entidade lingüística", para serem compreendidas por todos. Mas justamente esses "não são fatos, mas sim abstração a partir de fatos observados": para H. Paul interessava a "vida da linguagem" e "o verdadeiro objeto para o investigador da língua é antes constituído *por todas as manifestações da atividade da fala em todos os indivíduos na sua ação recíproca*". (H. Paul, 1880, p. 34)

Essa rápida contraposição dos dois pontos de vista contraditórios pode colocar em melhor fundo o projeto saussureano. Da multiplicidade de fatos e propriedades que caracterizam a linguagem em todas as suas manifestações era preciso, para construir uma ciência lingüística com os instrumentos técnicos e de representação formal disponíveis a Saussure, reduzi-los aos que garantissem homogeneidade e evitassem os riscos da imprevisibilidade e assistematicidade. Essa homogeneidade está garantida pelos recortes efetuados no conjunto de fenômenos da linguagem e pelo princípio metodológico de que é somente o valor relativo das unidades lingüísticas em suas relações entre si, internas pois ao sistema, que permite sua identificação, a determinação de sua pertinência e função e sua final classificação. Nesse sentido é que a língua, enquanto sistema, é "um princípio de classificação".

Desse modo, o programa saussureano delimita o objeto dos estudos lingüísticos. A língua se distingue da linguagem, não somente enquanto capacidade semiótica de natureza psicológica, mas mesmo enquanto atividade social, mesmo que seja o social que lhe garanta a "normalidade" do uso, condição da regularidade e sistematicidade. A língua se distingue dos processos de comunicação, porque exclui todos os demais fatores eventuais de significação, mesmo que seja a função comunicativa que assegure as condições de pertinência de suas unidades e relações. A língua se distingue da fala-atividade individual que é fator de mudança e espaço de criatividade insuscetíveis de apreensão abstrata e geral.

O programa saussureano responde portanto a uma necessidade de idealização: não se pode mais falar em "vida da linguagem", em "manifestações lingüísticas reais de todos os falantes", em "mudança e causas da mudança" que eram justamente o objeto dos estudos lingüísticos anteriores. Essa idealização foi levada mesmo muito além do necessário pela falta de condições históricas prévias que lhe fornecessem técnicas e instrumentos formais de representação adequados. Tanto assim que mesmo as frases foram excluídas em princípio por Saussure de seu projeto: elas lhe pareciam o resultado de uma combinatória livre do sujeito e portanto objeto de uma lingüística da fala, interessada nos modos de utilização pelos indivíduos do sistema básico da língua. Exteriorizações desse sistema nos atos de fala introduziriam parâmetros de variação dificilmente sistematizáveis: de que frase se estaria falando? produzida em que situação? por quem? quais os critérios de escolha dentre os elementos do sistema postos em execução?

Certamente é respeitável o esforço saussureano e todos reconhecem o seu papel na história da lingüística. Mas tem ainda algum sentido manter suas dicotomias reciprocamente excludentes no âmbito do projeto científico? Sobretudo, como é possível utilizá-lo deslocado de sua perspectiva histórica? E, ainda, pode-se fundamentar nesse modelo redutor uma prática sobre a linguagem como a que se requer no acompanhamento do sujeito afásico?

2. O modelo gerativo e transformacional de Chomsky

De um modo geral, os estruturalistas, que continuaram o programa proposto por Saussure, estiveram longo tempo ocupados com definir procedimentos analíticos (que permitissem identificar as unidades lingüísticas somente por suas relações internas ao sistema lingüístico), estabelecer critérios de pertinência a diferentes classes estruturais e estabelecer as relações sistemáticas entre os elementos em virtude de suas propriedades categoriais. Nos casos mais extremos do estruturalismo americano, o programa científico (paralelo mas semelhante) reduziu-se mesmo a derivar indutivamente aspectos da gramática das línguas naturais a partir dos dados observáveis em "corpora" produzidos pelos falantes. Como teorias descritivas das regularidades das línguas naturais, são todas inadequadas para fundamentar uma teoria da linguagem.

Chomsky provoca uma revolução paradigmática na lingüística modificando radicalmente seu objeto: as gramáticas gerativas estão sobretudo interessadas no saber lingüístico do sujeito, com os princípios e procedimentos postos a sua disposição para que consiga um completo conhecimento das línguas naturais de que se serve, de modo a permitir-lhe produzir nas mais diferentes situações infinitas expressões nessas línguas e interpretá-las convenientemente. A Chomsky já não interessa (como historicamente a Saussure) preocupar-se com a delimitação de um objeto lingüístico autônomo: a lingüística é uma ciência que se inclui na psicologia e, por aí, nas ciências naturais, como parte de um estudo geral dos processos cognitivos e do cérebro humano. Chomsky e seus seguidores insistem mesmo em dizer que a construção da teoria que têm em mente se correlaciona com os procedimentos exercitados no processo de aquisição da linguagem. Buscando responder à questão de como usa seu conhecimento para formar e interpretar sempre novas expressões, constrói-se ao mesmo tempo um análogo de como a criança desenvolve (a partir de um componente inato e universal) esse conhecimento, se exposta aos dados da língua.

A dicotomia língua-fala de Saussure é agora substituída pela dicotomia competência-desempenho (não de menor sucesso). A língua que, para Saussure, é um sistema de signos estruturados por um princípio de classificação e depositado na "memória" do sujeito como um "tesouro da língua", é substituída pela competência, concebida como um sistema finito de regras e de princípios restritivos que fornece ao falante a possibilidade de construção, reconhecimento e interpretação do conjunto infinito de frases aceitas em sua língua. A gramática gerativa é um modelo, uma representação abstrata e formal dessa competência. Nela, insiste-se na centralidade da sintaxe, entendida como o sistema representativo de base, que será depois interpretado, por um lado em um sistema de representação fonológica e, por outro, em um sistema de representação semântico. Torna-se assim a sintaxe o mediador formal entre o som e o sentido, entre as expressões gramaticais e sua forma lógica: de certo modo, é a sintaxe o conjunto estruturado de leis de correspondência entre o significante e o significado (na terminologia de Saussure) ou entre a forma da expressão e a forma do conteúdo (na terminologia de Hjelmslev), que eram dados como associados na lingüística estruturalista.

Não se trata, portanto, de uma simples extensão dos conceitos saussureanos, mas da fixação de diferentes critérios de relevância no estabelecimento do que é um fato lingüístico e, somente como conseqüência, numa extensão dos parâmetros para incluir no domínio da lingüística questões muito mais amplas e mais complexas. É preciso, por isso, reestabelecer as fronteiras do programa chomskyano.

Pelo menos até o momento, se bem que Chomsky aluda a uma teoria do discurso (num sentido bem mais restrito do que o que devo usar), os aspectos descritivos de sua teoria se limitam à estrutura das orações. O sujeito que parecia reincorporado pela perspectiva psicológica, fica excluído pelo fato de que a teoria visa a estabelecer, como base explicativa, um sistema de princípios e regras universais independentes (quanto à noção relevante de competência) da atividade do sujeito. Por outro lado, os fatores individuais desviantes (problemas de memória, fragmentação das expressões no diálogo, dificuldades do sujeito afásico) ficam excluídos para o domínio de uma teoria do desempenho, sobre a qual a teoria gerativa nada tem a falar. Essa teoria não pode, pois, incorporar a subjetividade ou o sujeito senão como uma idealização: um sujeito médio normal, um "sujeito" idealizado.

Os fatores culturais, sociais, políticos, ideológicos, etc. que contribuem na construção da significação ficam excluídos porque a teoria gerativa não é uma teoria individual mas também não é social e pública: é uma teoria da mente humana e a linguagem o aspecto visível por onde essa teoria tem que passar. Chomsky (1984), nos seus últimos escritos, tem insistido nessa forma de interpretá-la e concebê-la: a gramática gerativa não é uma teoria descritiva das línguas naturais (que poderia, para ele, até ser útil para objetivos didático-pedagógicos): é uma teoria da linguagem. Mas por linguagem ele não entende a "noção de senso comum" que possui uma dimensão político-social, nem uma atividade humana ("externalized language"). Nem é uma noção técnica que associa o termo linguagem a um conjunto (eventualmente infinito) de expressões. Chomsky se interessa pela estrutura interna da linguagem, uma linguagem internalizada ("internalized language") que é um estado da faculdade da linguagem, é um "órgão" parte do cérebro, um componente da mente humana. Algo no cérebro da pessoa que adquire uma linguagem e conhece suas regras e princípios, estruturados em um sistema em boa parte inato.

Apesar, pois, das diferenças evidentes entre os dois modelos considerados, o de Saussure e o de Chomsky, chega-se a uma mesma conclusão: modelos lingüísticos como esses têm seus propósitos programáticos e sucesso na solução de um grande número de questões cientificamente relevantes; mas não se podem tomar como base teórica para fundamentar a avaliação e a prática da linguagem em situações como a dos sujeitos afásicos. Por isso a grande dificuldade dos que tentam estabelecer a mediação entre essas teorias e a prática: o próprio Chomsky aliás tem advertido para o equívoco de tomar sua teoria como instrumento de uma prática pedagógica ou como base para a aplicação da lingüística a problemas de linguagem.

3. Conseqüências da transferência direta de conceitos teóricos da lingüística à afasiologia

Ao abordar algumas das inadequações da aplicação direta dos conceitos de Saussure e de Chomsky nos estudos afasiológicos, devo distinguir uma crítica mais abrangente (que tem a ver com as reduções epistemológicas efetuadas nesses modelos para a constituição de um objeto estrutural teórico) e uma crítica específica que incide sobre os textos básicos de afasia nos livros de neurologia (como se vê em Callegaro e Nitrini, 1983). Esse livro reúne uma bibliografia significativa da área e é bastante utilizado como livro-texto em cursos de formação de profissionais brasileiros que lidam com distúrbios cognitivos de linguagem e outros. Essa escolha tem um sentido local na medida em que, embora meu texto tenha um certo propósito acadêmico, desejo dar-lhe um objetivo mais amplo: espero que as reflexões que meu texto possa estimular tenham uma repercussão no lugar onde ele foi concebido.

Surpreende-me, para começar, o estatuto de introdução conferido aos estudos da linguagem, como se toda a lingüística estivesse estacionada no estruturalismo lingüístico (Saussure, Martinet) ou na versão de 1965 da teoria chomskyana e, principalmente, a utilização inadvertida desses autores como modelos teóricos sobre os quais se assentam a análise, a descrição e a classificação das afasias e distúrbios correlatos. No caso de Saussure, não se leva em conta que o estudo teórico no *Cours de Linguistique Générale* é um momento em que a lingüística estava sendo inaugurada como ciência e, sobre bases ainda precárias, visava-se à construção e delimitação de um objeto autônomo, delineamento preliminar de seu campo de estudo, elaboração de procedimentos de identificação e classificação de suas unidades. Em outras palavras, um texto datado é lido como onipresente e deslocado de suas condições históricas; um texto programático é lido como teoria acabada. Isso acarreta uma transferência ingênua dos conceitos saussureanos, como o da dicotomia língua-fala, para o campo de estudos da afasia. Callegaro e Nitrini, por exemplo, na obra referida (1983, p. 385), dizem textualmente que "para a lingüística é essencial o estudo da língua, sendo secundário o estudo da fala. Esta última afirmação merece destaque, pois se dá o inverso com a neurologia, onde o interesse primordial se desloca para a fala; logo, são disciplinas complementares, pois é óbvio que as afasias são distúrbios de fala e não da língua." Várias observações podem fazer-se a respeito dessa passagem. Em primeiro lugar, fica evidente o estancamento da ciência lingüística como se nada houvesse ocorrido depois de Saussure: há muito tempo se vem investigando em lingüística questões relativas ao contexto de situação (para usar um termo de Malinowsky, 1923, pp. 323 ss.) e às relações da linguagem com esse contexto, e muito esforço se tem despendido na construção de uma "lingüística da fala", de uma "teoria do desempenho" ou de uma teoria da enunciação. É portanto pelo menos ingênuo imaginar a neurolingüística, por tratar de objetos limitados como distúrbios patológicos da fala, como uma ciência complementar da lingüística da língua. Além disso, se as afasias são distúrbios de fala, por que a neurolingüística se serve da descrição de conceitos lingüísticos para descrever os distúrbios da fala? Por que a neurolingüística não abandona seus testes-padrão e uma prática clínica decontextualizados e não exerce a avaliação e o acompanhamento em condições discursivas, incorporando os conceitos apropriados a um estudo da fala?

No caso do programa científico de Chomsky, embora se mantenha um conjunto fundamental e nuclear de pressupostos e hipóteses, a evolução constante das hipóteses descritivas não permite reconhecer nas noções utilizadas pela afasiologia o que é nele mais importante. Perde-se neste caso uma das características marcantes desse projeto que é o de refazer-se continuamente em suas hipóteses periféricas justamente as que mais encantam os leitores desapercebidos (estruturas arborescentes, competência-performance, transformações, etc.).

Uma outra inadvertência é a de não levar em conta que esses modelos teóricos, pelos propósitos particulares que os animam, tiveram que conceber-se mediante recortes epistemológicos que reduzem a complexidade da linguagem e a multiplicidade de seus fenômenos. Não podem, pois, ser aplicados diretamente a um domínio como o da neurolingüística, muito menos fornecer instrumentos para uma atuação na prática de avaliação e acompanhamento de sujeitos afásicos. Isso desconsidera o cuidado desses autores em diferenciar, para efeitos de sua construção teórica, justamente a prática: a atividade individual do sujeito na fala, no caso de Saussure; os múltiplos fatores que interferem no desempenho individual e social, no caso de Chomsky. Nem devem os que atuam em domínios interdisciplinares como o da afasiologia assumir esses recortes, pois teriam que assumir também (na perspectiva de Saussure e de Chomsky) que deveriam ficar esperando até que os lingüistas conseguissem aprontar todas as peças de seus modelos de "língua" ou "competência", para somente então se aventurar numa prática. E essa prática lhes é imposta, profissionalmente, desde já.

Tomemos, como exemplo, a transferência para a prática de conceitos como os de língua e fala. Esses conceitos se inscrevem em um quadro teórico cuja concepção supõe a regularidade e "normalidade" dos processos lingüísticos: a língua é, nesse sentido, um código. Ora, essa concepção não resiste aos fatos. Não se pode negar que existe nas línguas naturais algo semelhante a uma "codificação" resultante do trabalho histórico, cultural e social que "cristaliza" até certo ponto os sentidos associados a expressões, palavras, e processos de construção. No entanto, reduzir a linguagem a código leva a perder inúmeros processos envolvidos na construção da significação (o conjunto das pressuposições de fato, o conhecimento mútuo, condições objetivas da situação imediata, a imagem recíproca que fazem os interlocutores, etc. que se incluem nas condições de produção do discurso). Dois exemplos bastarão aqui. Suponha que em uma viagem de carro, fure um pneu e já não tenha como trocá-lo; eu paro um carro e solicito ao motorista um macaco emprestado; o motorista me responde:

(6) — A cem metros tem um borracheiro.

— Puxa! O senhor não quer me emprestar o macaco?

A expressão utilizada pelo motorista, se interpretada exclusivamente em termos de informação, não permitiria tirar a conclusão sobre sua intenção incluída em minha aparente pergunta. Ele poderia objetar: eu não disse isso. Deve-se pois distinguir o "sentido" da expressão de sua interpretação em uma situação discursiva dada. O que eu faço no exemplo é tomar a expressão do motorista como dizendo: "a cem metros tem um borracheiro", mas como querendo dizer mais: "eu estou com pressa e não posso ajudá-la" ou "eu não estou disposto a ajudá-la" com resultados na interação iguais, independentemente da indeterminação resultante.

Um outro exemplo (sugerido por Sperber e Wilson, 1986): suponha que um hospedeiro ofereça café a um hóspede e este responda:

(7) — Café me deixaria acordado.

— Então o senhor aceita um chá?

— Não! Quero café.

O mal-entendido reflete a mesma necessidade de levar em conta aspectos complexos da situação. O hóspede, na verdade, não deseja dormir. Assim, o hospedeiro deveria interpretar sua resposta como um "sim", "aceito sua oferta". Mas o hospedeiro, não partilhando a informação relativa ao desejo do hóspede, supõe que ele desejasse, ao contrário, evitar uma insônia. Assim, interpreta a resposta como negativa e lhe oferece o chá. Observe-se que as duas respostas podem levar a inferências contraditórias, dependendo do grau de conhecimento mútuo.

O papel desses exemplos é mostrar a redução da linguagem quando a concebemos simplesmente pelas relações de tipo significante-significado previamente determinadas em um objeto estrutural como "língua". A tarefa interpretativa não consiste somente em "decodificar" mas sobretudo em apreender a intenção significativa do locutor manifestada, de um modo geral parcialmente, na expressão. Entram em jogo inferências pragmáticas e discursivas que, se não levadas em conta, levam inevitavelmente a mal-entendidos. Isto fica excluído dos testes de avaliação que somente podem entender-se na perspectiva da associação mecânica e estabelecida de significantes a significados, ou seja, de um processo de codificação e decodificação. Os testes manifestam pelo tipo de tarefa que propõem, decontextualizadas e predominantemente metalingüísticas, a assunção de uma concepção redutora de linguagem.

Essa mesma concepção de língua como um código está implícita na distinção da afasiologia entre afasias de expressão e afasias de compreensão. De fato, como vimos, o correlato da distinção expressão-compreensão é na fisiologia a distinção entre motor e sensorial. Essa correlação corresponde na lingüística saussureana à contraposição, de um lado, dos aspectos materiais do signo lingüístico cujos traços categoriais distintivos são resultantes de traços articulatórios selecionados pelo sistema fonológico; de outro lado, a associação desse significante a certas propriedades nocionais que constituem o significado. Essas relações são sistemáticas, estáveis e incluídas no sistema da língua e sua interpretação, nas situações de fala, dependem exclusivamente de um processo de decodificação. Assim, uma afasia de expressão se identifica pelas dificuldades articulatórias e, no máximo, combinatórias de fonemas, monemas, lexemas, nos vários estratos de construção da "língua"; uma afasia de compreensão é identificada pelas dificuldades na decodificação desses sinais para produzir a interpretação prevista (fixada previamente nos testes independentemente do contexto).

Estranha muito ver, nessa mesma linha, a tarefa de nomear objetos reduzida à "capacidade de ligar um significante verbal a determinado significado" (Callegaro e Nitrini, 1983, p. 393). A "atividade" de nomear envolve processos muito mais complexos do que essa associação mecânica que supõe que se dispusesse de dois conjuntos estruturados e prontos de símbolos e conceitos: bastaria uma simples evocação. Cada nome, entretanto, resulta primeiro de um trabalho histórico e cultural que depende da constituição de um sistema de referência relacional complexo, de onde tira uma significação de uso, mas que envolve possibilidades mais amplas de interpretação no contexto. Além disso, do ponto de vista do sujeito, envolve todo um processo prévio de categorização que passa certamente pelos modos com que opera sobre a realidade (aspecto funcional da categorização) e comparações com outros elementos no sistema cultural de referência. É por isso que fica difícil para um autor que assume a postura criticada (como Callegaro e Nitrini) encontrar uma explicação para o fato de que a anomia apareça coligada a outros sintomas nos mais diversos tipos de afasia. Como isto impede associar a anomia a uma lesão cerebral específica, Callegaro e Nitrini (1983, p. 393) tomam o fato por "evidências clínicas que demonstraram o acometimento desta capacidade [de nomear] por lesões em amplas áreas do sistema nervoso central" e que "foram arroladas em favor de que a denominação seria função do trabalho de todo o córtex cerebral". Não encontrando uma explicação para essa difusão da anomia, "consideram-na um fenômeno eminentemente psicológico, dependente da capacidade de simbolização e, portanto, de difícil abordagem analítica". Independentemente da circularidade do raciocínio, a dificuldade está em que toda a relação da linguagem com a cultura, tanto em seus aspectos cognitivos quanto biológicos, é subsumida pelo par significante/significado.

Embora as referências acima sejam mais apropriadas para a adoção sem cuidados do programa de Saussure, vale uma advertência semelhante no caso deste ser trocado por Chomsky. Na medida em que este autor adota a centralidade da sintaxe e faz depender desse componente todo o processo interpretativo, e sobretudo porque postula a regularidade e determinação completa desse processo, não deixa de incorporar à sua concepção da linguagem as propriedades do código. Mais grave ainda é que esse código já está em grande parte inscrito no cérebro do sujeito como um componente inato. Quem se serve desse projeto científico na afasiologia deu-se conta das questões que ele levanta para a explicação dos fenômenos patológicos?

Na verdade, deve-se levar em conta que, com a mudança do modelo teórico, modificam-se também os propósitos dos afasiologistas que se reclamam de Chomsky. De fato, ao aplicar os procedimentos habituais de avaliação, estão interessados não somente em um diagnóstico e a determinação de um tipo de afasia, mas em algumas hipóteses fortemente marcadas pelo cognitivismo. Assim, interessa-lhes encontrar provas externas que corroborem a concepção da linguagem como uma faculdade da mente humana, a hipótese da modularidade do cérebro, propriedades intrínsecas da linguagem interna, etc. No entanto, com o devido desconto ao fato de que as concepções lingüísticas subjacentes diferem sensivelmente, o percurso metateórico fundamental permanece: por um lado, o da redução da linguagem a um código de comunicação e, por outro, sua identificação com uma faculdade da mente humana. Em ambos os casos, saussureanos e chomskyanos privilegiam o déficit como instância descritiva final da afasia.

O que mais impressiona é o fato de que, de um modo geral nesses estudos, noções, operações, conceitos e relações com que o lingüista opera na construção de seus modelos (representativos) passam a referir-se a processos e propriedades reais do cérebro humano. Mesmo para uma boa leitura de Chomsky essa ontologização é uma extrapolação que não leva em consideração a distinção entre modelo de descrição e fenômeno descrito. Assim, inscrevem-se diretamente no cérebro e nos mecanismos neurais os construtos teóricos da lingüística. Obviamente, dada uma afecção de linguagem, podem-se identificar problemas e rupturas de processos internos articulatórios (ou de outra natureza) e correlacioná-los na descrição. O que estou, pois, criticando não é o uso de termos descritivos (como fonema, morfema, estrutura, categorias gramaticais, etc.) que remetem a entidades teóricas somente "existentes" no sistema nocional de referência utilizado pela metalinguagem: o problema está em fazê-los corresponder a entidades nosológicas.

Um lingüista bem formado advertiria logo que, em uma prática que se dá com o sujeito e visa à avaliação dos efeitos patológicos e a reconstituição desse sujeito, não se devem tomar como quadro de referência modelos teóricos que excluem, por pressuposto metodológico, o próprio sujeito. Aliás, parece que tais modelos em nada alteram a prática efetiva com os afásicos. Na maioria das vezes eles apenas mascaram a ausência de uma teoria completa da linguagem e conferem à descrição um aparente estatuto científico.

CAPÍTULO 3

A afasiologia antes do estruturalismo lingüístico

Uma observação curiosa é a de que a afasiologia, pelo menos no que diz respeito às relações do médico com os afásicos, foi prejudicada com a incorporação inadvertida de modelos redutores da linguagem procedentes da lingüística. Talvez porque o objeto do estudo lingüístico, antes de Saussure, se estendia, mesmo que pretensiosamente, a "*todas* as manifestações da atividade da fala, em *todos* os indivíduos na sua ação recíproca" em um espaço cultural, histórica e socialmente delimitado. Percorrerei em linhas muito gerais alguns fatos da evolução dos estudos afasiológicos a partir da segunda metade do século XIX, para depois voltar à minha observação inicial, ilustrando-a sobretudo com o trabalho de Lordat.

1. Precedentes históricos

Originalmente, podemos apontar que o interesse em estudar e desvendar a relação cérebro-linguagem vincula-se ao estabelecimento da localização cortical da linguagem e ao enfrentamento da questão de que partes do córtex cerebral correspondem a diversas partes da linguagem, tanto para afirmar a posição localizacionista como para negá-la. O final do século XIX e início do século XX foi ocasião de discussões inflamadas entre os localizacionistas e os antilocalizacionistas (ver, por exemplo, Riese, 1977, pp. 53-69).

Procede-se inicialmente pela transferência de conclusões e formulações teóricas obtidas a partir de experiências feitas sobre animais para o domínio humano. Já desde o final do século XIX, no estudo da fisiologia do cérebro animal, fazem-se inferências sobre o cérebro humano, dado que este não poderia ser cirurgicamente violentado (como o fez Bartholow, em 1874, provocando a morte do paciente). Discutia-se, porém, se se tinha "o direito de estender à espécie humana os resultados obtidos por Fritsch e Hitizig com o cachorro e por D. Ferrier com o macaco" (Hécaen e Lanteri-Laura, 1977, p. 145). Foi exatamente por não se poder passar da experimentação animal, sem maiores cuidados e controle, para a patologia humana, que surgiu a metodologia anátomo-clínica em 1883 (Hécaen e Lanteri-Laura, 1977, p. 159) pela qual se estabelecem comparações e correlações entre os sintomas observados durante a vida do paciente (no caso da afasia, a observação dos dados lingüísticos) com fatores neuro-anatômicos inferidos de procedimentos clínicos ou obtidos *post-mortem*. Nesse momento, "o homem revela-se o objeto direto da pesquisa e eliminam-se todas as ações traumáticas inevitáveis da experimentação aguda" (Hécaen e Lanteri-Laura, 1977, p. 159), reduzindo-se o valor dos resultados obtidos nas experiências com animais.

Foi assim que, procurando revelar os mistérios contidos na organização do córtex cerebral, fizeram-se, neste período, muitas propostas inovadoras: a topografia das localizações cerebrais, a dominância hemisférica, a transposição da fisiologia animal para a humana, os primeiros ensaios para determinar quantitativamente o lugar cortical de uma função. Foi também o momento do desenvolvimento da afasiologia clínica.

Pelo menos duas fortes razões fazem mudar esse cenário no início do século XX, com uma ruptura no saber científico responsável pelo despontar da especialização na ciência médica. Uma delas foi o nascimento da lingüística com o *Cours de Linguistique Générale* de Ferdinand de Saussure em 1916. Outra delas foi o começo da divisão de trabalho na área médica com o aparecimento do neurocirurgião em 1910 (data do primeiro trabalho sistemático de neurocirurgia). Antes disso, segundo Hécaen e Lanteri-Laura (1977), cada sujeito responsável pelo serviço médico era clínico, anatomista e experimentador. Com a associação desses dois fatos, não desejo relacioná-los diretamente. Na verdade, a história oficial da ciência aponta para uma concepção de linguagem, emergente nesse período, que privilegia a análise estrutural e a metalinguagem sobre as atividades lingüísticas do sujeito: por outro lado, se coloca então um esforço de constituir autonomamente diferentes domínios da investigação. Isso parece ser mais um traço da história das idéias científicas do que uma efetiva colaboração entre lingüistas e neurologistas, seja no início do século XX, seja em épocas anteriores (Françozo, 1986).

A constituição desses domínios autônomos de pesquisa possibilitaram, é claro, conhecimentos específicos aprimorados em diferentes áreas, como no caso do programa saussureano. Obtinham-se, porém, esses resultados com o custo de restrições à massa dos dados heterogêneos (do ponto de vista dos novos modelos) que interferiam nos processos e com o desenvolvimento de técnicas de análise e observação limitados aos novos objetivos. De certo modo, pois, a teoria se distanciou da prática em que tais recortes não são possíveis (e isto foi sensível no caso da teoria da linguagem, no estudo da produção do discurso, na prática pedagógica e na prática clínica dos distúrbios da linguagem).

Talvez por isso, encontrei no texto de Jackson, nas descrições de casos de Trousseau, Bailanger e principalmente Lordat, uma concepção de linguagem mais ampla e estratégias de avaliação da afasia qualitativamente mais ricas, se comparadas aos relatos recentes que põem ênfase na quantificação e correlação dos dados obtidos em testes metalingüísticos e decontextualizados. Porque não tinham à disposição os procedimentos avaliativos dos testes-padrão, procuravam entender o fenômeno da afasia por outras vias: observavam com intuição e bom senso a linguagem em sua complexidade e abrangência. Lordat mostra já, em suas lições do curso de fisiologia do ano escolar de

1842-43, a preocupação de compreender como o homem se utiliza da linguagem. Isso constituiria um dos "pontos embaraçosos e menos analisados na prática médica" (Hécaen e Dubois, 1969, p. 130), pelo que Lordat propõe uma lista de "atos sucessivos distintos" da linguagem na forma de um "programa para uma *teoria da fala*", a ser incorporada na prática médica.

Posso agora voltar à observação inicial deste capítulo. Revendo a prática clínica do médico e afasiologista Lordat, poderemos reencontrar procedimentos de avaliação e acompanhamento dos sujeitos afásicos que incorporei à minha, mesmo que por razões diferentes. No caso de Lordat e outros afasiologistas da época, a ausência de uma "ciência" lingüística lhes propiciava um acesso à linguagem via intuição e bom senso, pela reflexão sobre o exercício social da linguagem. No meu caso, por assistir hoje a uma reincorporação da fala e do desempenho por um renascimento teórico do discurso e das preocupações retóricas e pragmáticas com a linguagem.

2. A prática de Lordat

Os afasiologistas a que nos referimos, Trousseau, Bailanger e Lordat, se servem na avaliação e acompanhamento dos pacientes de um conjunto de estratégias bem variado, construído em uma convivência mais próxima com o sujeito afásico. Essa metodologia, além do que dissemos no item anterior, era certamente favorecida pelas condições do trabalho médico que se estendia, na época, à família, à casa, ao ambiente de trabalho de seu paciente.

Deixem-me ilustrar isto inicialmente com um exemplo de Trousseau. Um de seus pacientes "não quis ou não pôde" dar-lhe informações sobre suas dificuldades de linguagem. No entanto, a mulher, nas situações cotidianas de conversa, pôde fazê-lo. Com a mulher, o paciente conseguia interagir inteligentemente; esta, durante suas conversas com o marido, percebeu que este, às vezes, não encontrava a palavra que queria dizer e a substituía por uma palavra bizarra:

> (8) — Donnez-moi, donc mon [...] mon [...] *sacré matin*, mon [...] tu sais bien (colocando a mão sobre a cabeça).

— Tu veux bien ton chapeau?
— Hé! oui. Mon chapeau.[1]

Não consta do relato de Trousseau o procedimento por ele adotado antes com o sujeito, mas o importante é que ele se serviu da situação familiar e de uma situação dialógica para a obtenção dos dados relevantes para sua prática.

Lordat, porém, entre esses estudiosos da afasia, se diferenciava por várias razões. Em primeiro lugar, pela natureza analítica que os fatos da linguagem têm na construção de seu raciocínio clínico. Na verdade assistimos nele, sobretudo levando-se em conta a época em que seus textos foram escritos, a reflexões acerca da afasia que testemunham uma concepção incomum de sua prática e o valor inédito que atribui à linguagem e às atividades lingüísticas espontâneas do sujeito. Lordat se distingue, ainda, por sua concepção de dado lingüístico: em vez de lidar com os dados de um ponto de vista descritivo e comparativo, isolados das condições em que se produziram, ele os integra sempre em uma atividade lingüística, na "conversação", em situações dialógicas e considera todas as manifestações do sujeito, até as introspectivas. Lembre-se, a propósito, que na ocasião mal se delineava a metodologia de observação anátomo-clínica.

Em tudo Lordat se mostra, na prática clínica como médico e na investigação afasiológica, um observador perspicaz e atento do funcionamento da linguagem. Certamente, Lordat foi beneficiado pelo fato de que pôde observar-se a si próprio como sujeito, dado que passou pela experiência de ter sido afásico por um curto período de tempo. Aliava, assim, o exercício da prática médica a uma experiência pessoal intensa, mesmo que transitória. Podemos observar esse

---

1. — Então me dá meu [...] meu [...] "sacré matin" meu [...] sabe?
— Você quer seu chapéu?
— Ah é! Meu chapéu.

Mantenho "sacré matin" uma vez que a palavra *matin* (masculina) em francês se traduz em português por *manhã* (feminina), para não introduzir uma diferença no gênero do determinante. O que o paciente disse seria o equivalente em português de "Me dá então minha [...] minha [...] *essa droga dessa minha manhã*" ao invés de "Me dá então meu [...] meu [...] essa droga desse meu chapéu".

contraponto constante (ser médico e paciente) na construção dos casos que acompanhou, seja para elaborar um diagnóstico diferencial, seja para estabelecer pontos comuns em relação a seu próprio caso.

Começo pelo depoimento de Lordat sobre si próprio. Ele indica como suas principais dificuldades aparecem no diálogo cotidiano: "Quando eu estava só, acordado, entretinha-me silenciosamente com as ocupações de minha vida e dos meus caros estudos. O exercício do pensamento não me trazia nenhum tipo de problema. Acostumado, há tantos anos, aos trabalhos de ensino, eu me felicitava de poder ordenar em minha cabeça as proposições principais de uma aula e de não encontrar outras dificuldades nas mudanças que me aprazia introduzir na ordenação das idéias. — A lembrança dos fatos, dos princípios, dos dogmas, das noções abstratas eram como no estado de saúde. Eu não acreditava que estivesse doente: os embaraços em que eu me tinha encontrado me pareciam sonhos. Durante muito tempo eu tinha-me contentado em circunscrever o pensamento, em desenvolvê-lo, em organizar a ordem de subordinação das idéias: agora, as expressões aconteciam sem esforço. — Em minhas reflexões sobre meu estado mórbido eu não ia mais longe e eu me dizia sempre que não havia mais nenhum sintoma; mas, assim que vinham me ver, eu tornava a sentir meu mal na impossibilidade em que me encontrava para dizer: 'bom dia, como o senhor está passando?' " (Hécaen e Dubois, 1969, p. 141)

Suas dificuldades de linguagem também estendiam-se para a leitura. Assim nos relata o estranhamento em que se encontrava: "Perdendo a lembrança da significação das palavras ouvidas eu tinha perdido a de seus signos visíveis. A sintaxe desapareceu com as palavras: só o alfabeto tinha permanecido em mim, mas a junção das letras para a formação das palavras era um estudo a ser feito. — Ao lançar um olhar no livro que estava lendo quando minha doença me atingiu, vi-me na impossibilidade de ler seu título. — Não lhes falo de meu desespero, vocês devem adivinhá-lo. Foi-me necessário soletrar lentamente a maioria das palavras; e devo-lhes dizer, de passagem, que tive ocasião de sentir todo o absurdo da ortografia de nossa língua." (Hécaen e Dubois, 1969, p. 143)

Lordat, pois, somando a experiência clínica à experiência pessoal de afásico, dispunha de um conhecimento que não lhe vinha de dados fragmentários, mas de uma introspecção que lhe permita acompanhar a tensão de suas dificuldades e o percurso epilingüístico necessário para reelaborá-las. Nesse sentido é exemplar o modo como analisa sua amnésia verbal (o que modernamente se chama de dismnesia verbal ou anomia), evoluindo depois para uma paramnésia ("uso viciado de sons conhecidos e lembrados", como no uso de "mouchoir" (lenço) por "livre" (livro), "sumulman" (çumulmano) por "musulman" (muçulmano), que recobrem atualmente as parafasias não deformante-aberrante e deformante-fonêmica, como as chamam Huvelle e outros, 1979 (ver por exemplo, para outro tipo de terminologia das parafasias, Lesser, 1978, pp. 166-188). Observe-se que a paramnésia era, então, considerada uma forma de manifestação da afasia, e não sintomas que coocorrem com outros para a determinação de certos tipos de afasia. De fato, Lordat observou bem que a paramnésia pode acompanhar a amnésia verbal: este é o diagnóstico que Lordat faz de sua afasia transitória, distinguindo-a da "assinergia verbal" (que hoje chamaríamos de afemia de Broca e anartria de Pierre Marie).

Comparando o seu caso com o de outros pacientes, Lordat estabelece diagnósticos diferenciais, estabelecendo uma distinção entre sua amnésia verbal acompanhada de paramnésia e a de Broussonnet, entre a assinergia verbal e a amnésia verbal. Lordat encontrou várias diferenças entre o seu caso e o de Broussonnet quanto à "incorrigibilidade de sua amnésia: o paciente empregava obstinadamente palavras sem nenhuma relação com as adequadas", como por exemplo "ce soir" (esta noite) para se referir ao tempo passado ou futuro e "juments" (éguas) "para designar uma graciosa moça",... "sem dar-se conta da incoerência entre a denominação e o objeto e sem ter condições de refazer esta linguagem" (Hécaen e Dubois, 1969, p. 149). Outro exemplo do mesmo sintoma: certa vez Broussonnet quis falar sobre um relatório de revistas científicas e livros que tinha recebido antes de adoecer. Lordat não conseguiu entender o que ele queria dizer, uma vez que só repetia a palavra "bête" (idiota, bobo, bicho). A natureza diferente dos elementos paramnésicos que Lordat observou na fala de Broussonnet ("ce soir", "juments" e "bête") levou-o a diferenciar a "paramnésia ininteligível e incorrigível" de Broussonnet, da sua paramnésia transitória.

O caso de Broussonnet permite a Lordat investigar mais cuidadosamente a natureza da amnésia verbal e particularmente do que hoje se chama anomia. Tinham-lhe dito que a amnésia de Broussonnet não fora completa e que havia perdido somente os substantivos. "Não foi nada disso, comenta Lordat. Não pude observar, na conversação, que as palavras perdidas nem as conservadas pertencessem a [determinadas] categorias gramaticais. É de crer-se que as palavras mais usuais vinham mais facilmente e que as científicas, as que utilizamos raramente, ficavam no esquecimento" (Hécaen e Dubois, 1969, p. 149). É pois na conversação que Lordat busca a emergência de evidências para estabelecer as diferenças entre os casos que estuda. Desse modo, em vez de relacionar a perda e a conservação das palavras a categorias gramaticais, relaciona-as com certas condições de uso. Não sem razão, Hécaen e Dubois (1969), autores do livro de que constam os escritos de Lordat, acentuam o propósito de Lordat como um "interesse pela linguagem enquanto processo e não pela língua enquanto estrutura, aproximando-se nisso de certas análises modernas".

Para encontrar uma motivação para seus diagnósticos diferenciais, Lordat recorre à história da aquisição da linguagem: Broussonnet mostrava dificuldades em servir-se da "imitação" ("penchant imitative") responsável pela aquisição do sistema lingüístico. Isso indica uma outra atitude sobre os fatos: ao invés de situar-se exclusivamente em uma observação local e imediata e falar em "dificuldade de repetição" (como nos protocolos de testes atuais) busca na gênese dos processos o modo de iluminar o que observou no caso. Esta intuição pode ser transposta hoje para refinar a avaliação e o processo de reconstrução da linguagem do afásico, como farei nos estudos longitudinais de meus sujeitos, na perspectiva sócio-interacionista de De Lemos. O que Lordat aponta referindo-se à imitação seria hoje reinterpretado, no quadro teórico referido, em termos de processos dialógicos, como o de especularidade. Essa intuição de Lordat somente é possível porque suas estratégias avaliativas não excluem a interação com o sujeito, nem o contexto.

Dos relatos de Lordat se pode bem depreender a importância dessa interação com os sujeitos em situações cotidianas. Certa vez, Lordat visitava um padre doente; foi a cavalo e chovia muito. Ao chegar, o paciente fez sinais para que Lordat, antes de examiná-lo, se esquentasse do frio e jantasse e para que os empregados cuidassem de seu cavalo. O padre se manifestava impaciente por meio de um "i" e pelo "nome feio mais pesado de nossa língua que começa por um 'f' que nossos dicionários jamais ousaram registrar". Pela insistência dessas manifestações verbais, pela agitação dos empregados e pelas informações da situação, Lordat acabou por "adivinhar sua intenção", isto é, interpretá-lo. Esse exemplo, como outros, mostra como Lordat se relacionava com seus pacientes: não foi necessário classificar previamente seu sujeito (nos termos de Lordat o padre portava uma amnésia verbal acompanhada de uma paramnésia "ininteligível" como a de Broussonnet); o que importa aqui é como Lordat interagia com os sujeitos, servia-se do contexto e de outras manifestações paraverbais, para finalmente entendê-los e diagnosticá-los.

Antes de passar a outros diagnósticos que fez, coloco um outro exemplo para sublinhar como Lordat atuava e refletia clinicamente. Lordat começou a notar que uma de suas pacientes "dizia uma frase, depois de uma ou duas palavras era obrigada a parar, deixando perceber que sua idéia era completa, mas que não tinha mais a sua disposição as palavras de que necessitava. Ela ficava surpresa com seu estado". Lordat "procurava fazer-lhe entender de que consistia sua enfermidade". Tornaram-se assim "excelentes amigos, porque se adivinhavam mutuamente" (Hécaen e Dubois, 1969, p. 148). A aproximação que Lordat consegue com sua paciente pela explicação de seu problema e a identificação com o caso dele mesmo garante, como primeiro ponto a observar, condições de interação entre ambos e oferece alternativas de reconstrução do processo deficitário no próprio jogo de "adivinhação". É nessa situação dialógica e simétrica que Lordat identifica a dificuldade de sua paciente com todo um conjunto de fatos produzidos na atividade lingüística e não com perguntas incidentes sobre essa dificuldade de encontrar palavras. Por isso, foi possível à paciente tentar "exprimir-lhe idéias contando-lhe algo".

Passo ao modo pelo qual Lordat chega ao diagnóstico do que chama "assinergia verbal". As diferentes manifestações de uma de suas pacientes mostravam que "sua inteligência era completa e realizava sem dificuldade todas as funções de dona de casa". Ouvia e entendia tudo o que lhe diziam, escrevia, "mas parecia ter repugnância em usar esse meio de comunicação, seja porque não tivesse exercido suficientemente essa atividade, seja porque os erros que fazia lhe causassem uma certa humilhação. Ela tinha freqüentemente vontade de falar e apenas conseguia dizer 'oui' que empregava muito apropriadamente. Seus esforços para falar se faziam notar por um ar de impaciência e pela palavra 'Dé' " (Hécaen e Dubois, 1969, pp. 157, 165). Lordat investigou seus órgãos da fala, descartando o diagnóstico de paralisia. Intrigava-o, porém, a falta de explicação para o caso. Não se tratava de uma amnésia verbal das palavras, já que a paciente entendia a conversação e até mesmo conseguia escrever. Para dar conta da natureza do "esquecimento" de sua paciente, relaciona-o com as "sinergias instintivas e adquiridas da fala" e denomina-o de assinergia. Também a assinergia é caracterizada com referência aos processos de aquisição, como os entende Lordat. Para ele, "os músculos da 'loquele' ganharam por instinto e por um longo uso um sistema de sinergias fáceis, prontas, precisas por meio das quais esses órgãos estão em condição de executar movimentos muito complicados desde que a vontade lhes deu a ordem, sem que fosse necessário de sua parte uma prescrição explícita para cada movimento". Lordat se refere assim ao problema articulatório da paciente.

A partir desse diagnóstico, Lordat analisa um outro caso que nos mostra sua apreensão clara da natureza do "esquecimento" em que tanto a amnésia verbal quanto a assinergia estão envolvidas. Lordat estuda uma senhora, em que observa uma assinergia como no caso anterior, já que não pode pronunciar palavras cujo valor conhece. Mas há também um certo grau de amnésia: "Ela compreende, é verdade, mas não consegue escrever nada por si própria: só consegue copiar, o que prova que a memória é curta e que ela tem necessidade de ter visto recentemente os traços gráficos que exprimem as palavras." Por isso o diagnóstico de uma coincidência entre uma assinergia e uma amnésia verbal. Não tenho em mente, é claro, validar nem comparar os diagnósticos de Lordat em relação ao quadro e à terminologia atuais na afasiologia. Interessa-me mostrar como procede ao levantamento dos dados para compor esses diagnósticos.

O leitor logo perceberá por que escolhi Lordat para estes comentários:

— a maneira como Lordat lida com seus pacientes revela que faz da clínica um campo de estudo da linguagem, enquanto atividade efetiva do sujeito;

— sua estratégia de avaliação e acompanhamento é a conversação ou o relato que reconstrói cuidadosamente a situação de interlocução e as condições de produção;

— elabora seu diagnóstico a partir da produção original do paciente, sem adotar previamente um quadro descritivo como o das categorias gramaticais;

— seu trabalho com o paciente toma a forma de convivência que se estende à família e ao ambiente de trabalho;

— observa não somente os parâmetros lingüísticos da conversação, mas todas as manifestações, silêncios, emoções, tensões do paciente sobre os quais apóia sua avaliação;

— serve-se, ainda, de um conhecimento recíproco que busca enriquecer na relação interpessoal médico-paciente;

— estabelece tanto quanto possível relações simétricas com o paciente, discutindo com ele suas dificuldades (com a vantagem de conhecê-las por si mesmo e poder identificar-se com o paciente e fazê-lo identificar-se consigo).

Seu procedimento avaliativo se sustém sobre uma intuição fecunda dos fenômenos que constituem a linguagem, especialmente a atividade da linguagem nas instâncias mesmas onde se efetivam. Não desenvolve uma técnica de identificação de sintomas mas constrói nas instâncias discursivas o diagnóstico da afasia. Trata-se da construção de uma experiência com o paciente e não de um procedimento de experimentação, conseguindo Lordat escapar aos riscos de proceder a uma análise puramente externa dos fatos de linguagem. Na verdade, Lordat não elege o ponto de vista do investigador que conhece e domina a linguagem para "contar" o que está faltando ao paciente, mas põe no funcionamento da linguagem seus dois pontos de vista indeléveis e constitutivos: dispõe um locutor e um interlocutor anônimos até que a própria instância dialógica os identifique e objetive as diferenças.

CAPÍTULO 4

O quadro teórico que fundamenta minha prática

Procurarei, neste capítulo, apresentar em grandes linhas a reflexão teórica que sustenta a minha prática de avaliação e de acompanhamento dos sujeitos afásicos. Devo rejeitar uma concepção de teoria lingüística que, por razões metodológicas, exclua sejam os aspectos históricos e sociais da linguagem, seja a atividade do sujeito na situação efetiva de fala. É necessário, portanto, superar dicotomias como língua e fala, sistema e uso, competência e performance para integrar em uma concepção abrangente de linguagem o seu funcionamento, na dimensão contextual e social em que os homens, por ela, atuam sobre os outros, na dimensão subjetiva em que, por ela, os homens se constituem como sujeito, na dimensão cognitiva em que, por ela, os homens atuam sobre o mundo estruturando a realidade.

1. Alguns antecedentes teóricos

Na verdade, muitos lingüistas e filósofos têm-se interessado na incorporação aos estudos da linguagem dos aspectos que constituem o resíduo depositado à margem dos limites estreitos da concepção saussureana ou chomskyana, ou mesmo daqueles que limitam o problema da significação a uma semântica construída em termos dos valores de verdade. Na impossibilidade de trazer a esta tese uma bibliografia vastíssima que explora esses novos domínios, tratarei de alguns deles pela sua exemplaridade.

Uma primeira vertente nos vem do filósofo inglês Austin (1962). Ele se interessa por uma série de enunciados das línguas naturais cuja enunciação corresponde não a prestar uma informação suscetível de verificar-se em um mundo atual ou possível, mas à execução de uma ação. Nos casos exemplares típicos, como:

(9) Eu te batizo em nome do pai, e do filho,....
Declaro aberta a presente sessão...
Prometo estar aqui às dez em ponto.
etc.

não se pode considerar a enunciação como "constativa" (isto é, como uma "afirmação" concebida como a descrição verdadeira ou falsa de um fato ou de um aspecto da realidade), mas como uma enunciação "performativa": aquela que nos permite *fazer qualquer coisa* pela expressão verbal ela mesma.

Austin observa logo que tal propriedade da linguagem não tem um caráter excepcional, dependente das propriedades específicas de uma classe de verbos performativos. Estende logo sua descoberta para um conceito mais lato, o de ato de discurso, produzido em uma situação que relaciona diferentes interlocutores: sempre que se fala, faz-me qualquer coisa. Esse aspecto de "ato", de ação sobre o interlocutor, próprio da linguagem, Austin caracteriza-o como sendo a "força ilocucional" das expressões, decorrente de leis discursivas instituídas socialmente, que garantem sua existência e, ao mesmo tempo, sua significação. É uma lei do discurso, por exemplo, que, ao fazer uma asserção, o locutor por sua decisão modifica ou tenta modificar as pressuposições fatuais de seu interlocutor, alterando o seu conhecimento e levando o interlocutor a posicionar-se frente à "informação nova": isso mostra bem o caráter mais amplo de uma enunciação aparentemente só informativa. É o caso também de uma pergunta que (exceção feita à pergunta retórica) obriga seu interlocutor a respondê-la sob pena de sofrer as conseqüências de sua não correspondência à ação do locutor. O conceito de ato ilocucional foi retomado por Searle (1969), cuja preocupação principal é a de analisar a estrutura dos atos ilocucionais e as regras constitutivas de seu emprego. E essa tem sido a matéria de uma larguíssima literatura visando a uma teoria dos atos de fala.

A partir desses estudos, identifica-se um distanciamento irrecuperável da noção saussureana de língua, pelo menos em dois sentidos. A significação de um ato ilocucional compromete de algum modo os interlocutores em uma ação recíproca: a significação já não se pode definir como o significado saussureano, independente do valor de sua enunciação. Além disso, o fato de a significação resultar da atividade lingüística do sujeito do ato de fala, torna-a inseparável não só das convenções sociais e regras de emprego mas aponta para uma atividade lingüística individual. Observe-se que o social em Saussure é um conceito abstrato mediador na construção do objeto língua; o social para Austin, Searle, Ducrot e outros autores dessa linha de pensamento está intimamente ligado, de um lado, à própria interação ilocutiva e, por outro lado, às relações institucionais que justificam a existência de "regras" como regras coletivas e sociais do jogo da linguagem. Citando Ducrot (1972, p. 5): "Somos levados a admitir que as relações intersubjetivas inerentes à fala não se reduzem à comunicação tomada no sentido estrito, isto é, à troca de conhecimentos: ao contrário, introduz-se entre elas uma grande variedade de relações inter-humanas para as quais a língua oferece não apenas a ocasião e o meio mas também o quadro institucional, a regra. A língua, então, não é mais apenas o lugar onde os indivíduos se encontram; ela impõe, também, a esse encontro, formas bem determinadas. Não é mais somente uma condição da vida social, mas um modo de vida social. Deixar-se-á, portanto, de definir a língua à moda de Saussure, como um código, isto é, como um instrumento de comunicação. Mas ela será considerada como um jogo, ou melhor, como estabelecimento das regras de um jogo e de um jogo que se confunde amplamente com a existência cotidiana."

Uma outra questão que rompe os limites da semântica veritativa e dos objetos estruturais definidos somente no interior de relações lingüísticas (no sentido estrito) é a questão das relações dêiticas. Bar-Hillel (1954), por exemplo, entre os filósofos, chama a atenção para o fato de que, em enunciados como

(10) *Nós* esta*mos* com fome,
Est*á* chovendo *aqui,*
Eu est*ou* produzindo exatamente *agora* uma frase-"token",

os elementos dêiticos grifados (pronomes pessoais, advérbios de tempo e lugar, flexões verbais) impedem uma análise em termos de condições de verdade por procedimentos puramente composicionais do sentido de suas palavras, sem recorrer-se às relações que os dêiticos estabelecem entre o enunciado e o contexto, isto é, a situação de enunciação.

Lahud (1979, p. 79) observa muito bem que "um lógico" (e um lingüista estruturalista) "gostaria de eliminar os dêiticos de sua linguagem, na medida em que, para ele, poder atribuir um valor de verdade a toda proposição bem formada, independentemente do contexto pragmático de sua enunciação, constitui uma exigência fundamental. Mas, se a necessidade do conhecimento desse contexto é a fonte da 'ambigüidade' lógica dos enunciados dêiticos, ela é, ao contrário, a garantia de sua 'não-ambigüidade' referencial no quadro concreto da troca lingüística." De fato, a dêixis é um outro elemento (além da força ilocucional das expressões) que aponta para a dimensão pragmática da linguagem que exige considerá-la tomando a enunciação como ponto de partida.

Tomemos esses mesmos fatos da dêixis de uma outra perspectiva. Suponhamos que tem razão Franchi (1971) em dizer que, do ponto de vista do sentido, os elementos dêiticos fazem parte de um subsistema do sistema lingüístico, expressando de modo determinado e fixo relações entre o enunciado e elementos da situação discursiva. São como "coordenadas" de pessoa, tempo, lugar, de opinião e de critérios de relevância do locutor, etc. que orientam a interpretação para certos aspectos das condições de produção. Mesmo assim, continua a indeterminação e ambigüidade em seu pólo contextual: de fato, embora um "eu", um "aqui", um "agora" [do exemplo (10)], estabeleçam relações bem precisas com um elemento do contexto (a pessoa que fala, o lugar de onde se fala, o momento em que se fala) fica inteiramente dependente desse contexto a identificação da referência ou mesmo da predicação a ser apreendida pela relação dêitica. De fato, nem sempre a questão da dêixis é resolvida ao nível da referência. Considere os exemplos:

(11) Não podemos raciocinar *assim*.
Eu vou fazer essa advertência *também*.
Tal acontecimento não se deu como eu pensava.
Penso justamente *ao contrário*.
Praticamente, a tese está pronta.

Neles, as relações dêiticas expressas por "assim", "também", "tal", "ao contrário" não tomam como domínio um universo possível de indivíduos (no sentido estrito de referência) mas remetem a propriedades de indivíduos, a modos de ação, e mesmo a critérios de relevância estabelecidos pelo locutor. É o caso do último exemplo: "praticamente" remete a certas condições discursivas que envolvem os critérios válidos do ponto de vista exclusivo do locutor. Para ele, por exemplo, uma tese já está pronta (em um certo sentido, "praticamente pronta") se lhe falta o prefácio e a bibliografia.

É tomando como motivação a teoria da dêixis que Benveniste se inspira em sua teoria da enunciação. Benveniste (1970) estabelece uma oposição entre uma lingüística como estudo das formas e uma lingüística da enunciação. A primeira se caracteriza pela concepção de seu objeto como algo estruturado e pela delimitação das tarefas da lingüística como a descoberta das regras internas a essa estrutura. Ao contrário, a lingüística da enunciação, embora continue admitindo aquele objeto estruturado, inclui no objeto de estudo o aparelho formal da enunciação, responsável pela interpretação de aspectos indeterminados do sistema lingüístico. Dessa maneira passa a fazer parte da lingüística o estudo dos mecanismos pelos quais o falante, apropriando-se da língua, transforma-a em discurso. O que, efetivamente, transforma a língua em discurso é, para Benveniste, a enunciação pelo locutor a um alocutário de um enunciado marcado por algum elemento do aparelho formal da enunciação.

Como exemplo, para Benveniste, existem marcas explícitas da presença da subjetividade na linguagem. As mais evidentes são os pronomes pessoais "eu" e "tu" e em seguida todos os outros dêiticos. São da língua, de um certo ponto de vista, e por isso a lingüística das formas lhes confere um sentido fixo. Mas, como vimos, deixa-se sua referência para a determinação pragmática. Seria simplista, porém, dizer que a relação do sujeito com a língua se dá apenas nesses poucos índices e que, no que concerne às demais formas, ela deixa de dar-se. Mesmo a asserção que pode parecer neutra ou nada marcada, somente é asserção porque o locutor assim o decidiu: é a expressão de seu conhecimento e certeza no momento em que fala e a assunção de um compromisso conversacional com a verdade de seu enunciado (mesmo que esteja jogando retoricamente com tal compromisso). É o uso desses índices de subjetividade que permite que o locutor se aproprie da língua transformando-a em discurso. Em outros termos, já não se pode dissociar da língua a atividade do falante, pois a língua não é mais vista como um instrumento externo de transmissão de informação mas como uma atividade entre dois protagonistas. (Maingueneau, 1981, p. 8)

Quer sejam, entretanto, mais ou menos numerosas essas marcas de subjetividade, permanece em Benveniste, ainda, a dicotomia entre língua e discurso. A língua continua sendo um sistema determinado, dado, exceto por alguns subsistemas que ele caracteriza como vazios, por só poderem ser preenchidos em instâncias certas do discurso. Essa concepção leva à apologia do sistema, quer se trate do sistema-sujeito, típico do estruturalista, onde o falante é reduzido a emprestar sua voz para que a língua se manifeste, quer se trate do sujeito-sistema no interior da gramática gerativa, onde o falante desaparece em favor de uma faculdade mental inata que é a responsável por sua atividade verbal ou é idealizado, como um falante médio de sua comunidade lingüística, na metodologia de obtenção dos dados. Com isso, evidentemente, excluem-se as marcas individuais e sociais da linguagem. (Para as noções de sistema-sujeito e sujeito-sistema, veja-se Martinez, citado por Osakabe, 1979, p. 135.)

Enfim, um último ponto a que já me referi. É amplamente conhecido na filosofia e na lingüística que muitos outros fatores interferem na interpretação dos enunciados: a interpretação vai muito além do dito e explícito. Para continuar minha referência anterior a Ducrot (1972, p. 5): "Dizer que as línguas naturais são códigos destinados à transmissão de informação de um indivíduo para outro é admitir ao mesmo tempo que todos os conteúdos expressos por elas são expressos de maneira *explícita*." De fato, na perspectiva estruturalista, uma informação codificada é uma "informação manifesta para quem sabe decifrar o código": o que é dito via código "se dá como tal, se confessa e se instaura". "O que é dito ou é inteiramente dito ou não o é."

Ora, como já observamos no comentário ao exemplo (5) e no estudo dos exemplos (6) e (7), o locutor constrói suas expressões na convicção de que seu interlocutor, partilhando as mesmas pressuposições, servindo-se do conhecimento mútuo e informações contextuais, será capaz de reconhecer sua intenção significativa não somente mediante uma "decodificação" direta do que foi dito, mas mediante inferências que estendem essa interpretação. Além do mais, nas mais diferentes situações discursivas, torna-se, muitas vezes, "necessário ter à disposição modos de expressão implícita que permitem deixar entender sem recorrer à responsabilidade de ter dito".

Para não me estender além de meus propósitos, bastam esses quatro aspectos — o da linguagem como uma ação sobre o outro, o das relações das expressões com determinadas situações de fato, o da subjetividade na linguagem, o do transbordamento da produção e da interpretação além do explícito —, para recusar dicotomias como a de língua e fala e uma concepção de linguagem como código. Fica evidente que excluo, pelas mesmas e por mais fortes razões um estruturalismo como o americano, que reduz a linguagem a um corpus para os exercícios técnicos de segmentação, distribuição e classificação das unidades lingüísticas, uma outra versão do pressuposto da determinação e regularidade do sistema e do princípio metodológico de uma descrição que não se serve senão das relações internas do sistema.

Do mesmo modo, devo rejeitar uma concepção de linguagem em termos técnicos como simplesmente um conjunto de expressões infinitas engendradas formalmente a partir de um conjunto finito de elementos e operações sobre esses elementos. É uma concepção apropriada às linguagens formais, que não contém implícitos, nem dêiticos, que exclui o sujeito e os fatores múltiplos contextuais de interpretação. Nem mesmo posso aceitar essa sistematicidade como um mecanismo estruturante inato ou como uma "linguagem internalizada" no sentido de Chomsky: interessa-me a linguagem pública, "externalizada", exercida na interação recíproca dos interlocutores em situações específicas. Por isso, quando falo de "língua", refiro-me ao uso desse termo pelos sociolingüistas [por exemplo, Trudgill (1974) e Labov (1972)]: referem-se eles a línguas naturais como o português, o inglês, etc., constituídas como tais por critérios históricos, culturais e políticos, que levam os falantes a considerá-las línguas, a despeito de sua diversidade interna. Não se trata de construtos teóricos, mas da representação que os falantes fazem de seus meios de expressão, a respeito dos quais têm atitudes diversificadas, dependendo da relação que os diversos recursos expressivos, relativamente estáveis, mantêm com outros valores sociais. Língua é, nesse sentido, o conjunto quase-estruturado de repertórios lingüísticos (no sentido da sociolingüística) dos falantes de uma comunidade lingüística que estão longe de serem da natureza, determinada, do "tesouro depositado" pela memória ou o mecanismo inato prévio do cérebro do falante, em Saussure ou em Chomsky.

Essas recusas não derivam somente de diferentes pressupostos e postulados teóricos. Elas têm uma razão mais forte no fato de que não possuem qualquer relação com a minha prática de avaliação e acompanhamento da linguagem do afásico. Vimos, na primeira parte deste trabalho, que o objetivo de minha prática clínica não é uma classificação da entidade patológica, mas é ao contrário o estabelecimento de relações entre a avaliação e o processo de reconstrução da linguagem. Embora, no projeto inicial, visasse sobretudo a uma reformulação dos procedimentos avaliativos, o acompanhamento dos sujeitos afásicos estendeu-o a um compromisso com o projeto de reconstrução da linguagem que veio do próprio sujeito avaliado. Desloquei-me, portanto, do conceito de unidade patológica da afasia para o sujeito afásico, cujos pontos de ruptura em relação à linguagem do sujeito não afásico são investigados na estruturação — em diversos níveis — de sua atividade lingüística.

É por essa razão que não posso centrar a avaliação e o acompanhamento longitudinal de meus sujeitos na atividade metalingüística ou descritiva, porque esta estabelece paralelismo abstrato e direto entre a afasia e categorias de língua, além de suspender o exercício intersubjetivo e interpessoal da linguagem em seu funcionamento. Essa mudança de ponto de vista e o privilégio e interesse dado ao processo de reconstrução de objetos lingüísticos vai de par com uma visão de linguagem que incorpora o sujeito, atividades específicas de utilização, construção e interpretação da linguagem (lingüística, epilingüística e até metalingüística) e incorpora todos os aspectos sociais dessa atividade que, na fala, é sempre interacional.

Sirvo-me, sobretudo, de um enfoque teórico para o qual convergem várias reflexões da lingüística, como:

— a concepção de linguagem como atividade constitutiva cuja ordem dos fatos lingüísticos (sintáticos, semânticos e pragmáticos) não esteja *a priori* determinada;

— a perspectiva sócio-interacionista da aquisição da linguagem pela investigação da construção de objetos lingüísticos que podem ser observados nos processos de reconstrução da linguagem pelo sujeito afásico;

— as análises que visam a uma teoria do discurso, pela dissolução das dicotomias que procede e pela experiência nesse campo de estudos com o exercício do funcionamento da linguagem em situações discursivas.

2. A concepção de linguagem e de língua natural

Uma citação de Franchi (1977) servirá de apoio à formulação da concepção de linguagem que tenho em mente: "Não há nada imanente na linguagem, salvo sua força criadora e constitutiva, embora certos 'cortes' metodológicos e restrições possam mostrar um quadro estável e constituído. Não há nada universal salvo o processo — a forma, a estrutura dessa atividade. A linguagem, pois, não é um dado ou um resultado; mas um trabalho que 'dá forma' ao conteúdo variável de nossas experiências, trabalho de construção, de retificação do 'vivido' que, ao mesmo tempo, constitui o sistema simbólico mediante o qual se opera sobre a realidade e constitui a realidade como um sistema de referências em que aquele se torna significativo. Um trabalho coletivo, em que cada um se identifica com os outros e a eles se contrapõe, seja assumindo a história e a presença, seja exercendo suas opções solitárias."

Em primeiro lugar, nessa concepção, a língua não é um objeto que se justifique a não ser como resultado de um trabalho coletivo, histórico e cultural que faz emergir um conjunto de recursos expressivos próprios de cada língua natural, organizados segundo critérios de uso. Chamemos a essa dimensão a dimensão sintática da linguagem. Mas essa língua não poderia ser interpretada fora de um sistema de referência onde categorias e relações são construídas culturalmente. Nele se estabelecem as "medidas" das pessoas e das coisas, do tempo e do espaço, dos processos e acontecimentos, do que pode e não pode ser dito, não porque derivem de propriedades inerentes aos objetos, mas porque têm como ponto de referência um sistema cultural de que partilha uma determinada comunidade. Em um certo sentido de semântica (semântica lingüística) essa é a constituição da dimensão semântica da linguagem. Finalmente, a linguagem não se usa senão em situações concretas e em relação a determinados estados de fato. É na própria linguagem que se selecionam as coordenadas (dêiticas) que orientam a interpretação para determinados aspectos da situação discursiva. Nesse aspecto, constitui-se um suporte para as relações pragmáticas da linguagem que, como já se viu, se estendem além do estritamente dito.

Nessa concepção de linguagem, a língua é resultante desse trabalho coletivo e histórico, de uma experiência que se reproduz e se perpetua. Por isso, reitero essa natureza pública, social e cultural da noção de língua que é a que deve ser lida em meu texto. O que deriva do social, pois, não é a língua enquanto sistema, mas as regras sociais do jogo da linguagem que se originam na prática com a linguagem. Regra não é uma lei formal de correspondência entre categorias em um sistema abstrato. Prefiro falar aqui de regra, como o fez Wittgenstein: " 'Seguir uma regra': não é algo que apenas uma pessoa pudesse fazer apenas uma vez na vida? (E isto é, naturalmente, uma anotação sobre a gramática da expressão 'seguir a regra'). Não pode ser que apenas uma pessoa tenha, uma única vez, seguido uma regra. Não é possível que apenas uma única vez tenha sido feita uma comunicação, dada ou compreendida uma ordem, etc. Seguir uma regra, fazer uma comunicação, dar uma ordem, jogar uma partida de xadrez são 'hábitos' (costumes, instituições). . . . Eis por que 'seguir a regra' é uma práxis." (Wittgenstein, 1945, pp. 199, 202)

É, assim, a própria adoção de uma perspectiva cultural, histórica e social que justifica a sistematicidade sempre provisória das línguas naturais: uma espécie de "cristalização". Mas desde que existe uma regra, a regra pode ser violada, como observa o mesmo Wittgenstein. É, pois, ainda essa perspectiva histórica que incorpora o sujeito, sua atividade lingüística, sua interação com os outros e a possibilidade de mudança. Entre parêntesis, deixem-me logo dizer que, no acompanhamento do sujeito afásico, essa perspectiva me permite reinterpretar suas dificuldades sob uma nova luz: por um lado, importa interpretar seus "erros" e "faltas" como uma ruptura desse componente interacional e social onde as "formas" se constituem; por outro lado, importa mais reconstituir no sujeito afásico essa face interpessoal pela qual ele possa voltar a jogar o jogo da linguagem, em que encontrará, senão o sistema da língua, os recursos alternativos que lhe permitam desempenhar seus múltiplos papéis.

Outro aspecto importante: é com base nessa concepção de linguagem que Franchi (notas de curso) reafirma a indeterminação radical da linguagem. Do ponto de vista sintático, essa indeterminação é caracterizada pelo fato de que "nenhum enunciado tem em si condições necessárias e suficientes para permitir uma interpretação unívoca". Isto significa, em linhas gerais, que a língua dispõe de múltiplos recursos expressivos que, associados a fatores como o contexto, a situação, a relação entre os interlocutores, as leis conversacionais, etc. fornecerão condições de determinação de um dado enunciado. Por outro lado, o fato de que os sistemas de referência são culturais e dependentes da experiência, fazem postular a indeterminação semântica; de fato "as expressões das línguas naturais não tomam" nunca "um domínio de interpretação uno e semanticamente coerente", na medida em que a linguagem não é somente uma linguagem do mundo "real" e atual mas permite uma constante revisão das categorias para falar-se de outros universos compossíveis. "Deve-se observar que a linguagem nem sempre (ou poucas vezes) se utiliza de recursos expressivos suficientes para a identificação precisa dos objetos singulares referidos; nas expressões em geral se indicam os limites de uma certa 'regionalidade', a ser precisada com recurso à situação ou às regras explícitas do jogo de fatores, ao sistema de referência, aos pressupostos comuns." Nem é necessário insistir na indeterminação e variabilidade dos processos envolvidos nas relações pragmáticas. Nesse nível, são evidentemente indeterminados conceitos como os de pressuposição fatual ou mútuo conhecimento ou imagens do interlocutor ou zonas de negociação. De fato, todos esses fatores da interpretação são constituídos em um permanente rearranjo e mantêm áreas enormes de obscuridade e penumbra. Como se poderia definir previamente o que é que, numa dada situação, é o conhecimento comum ou o conhecimento partilhado relevante? Como o locutor sabe que o outro sabe o que deve saber para a interpretação? Como estabelecer previamente, então, os limites e mecanismos de negociação e ajuste? As imagens dos interlocutores não somente não são fixadas *a priori,* como ainda são passíveis de mudança na própria interlocução.

É por isso que essa concepção de linguagem se orienta para uma teoria do discurso: cabe exatamente a essa teoria responder à questão de como as expressões das línguas naturais, por si mesmas indeterminadas, podem ganhar nas situações discursivas contornos precisos e bem determinados. Isto é, estudar a significação como construída pelos interlocutores, por um conjunto de fatores convergentes (sem deixar, entretanto, de incluir entre esses fatores os valores cristalizados culturalmente em sua própria linguagem).

Uma outra conseqüência dessa concepção é relativa à aquisição da linguagem. Esta não pode ser entendida como a emergência em condições específicas de um sistema pronto ou de um modelo a ser reproduzido. A aquisição constitui um processo conjunto de construção dos objetos lingüísticos: esta é a perspectiva sócio-interacionista. É o que verei no próximo parágrafo.

3. O projeto sócio-interacionista na construção de objetos lingüísticos

A questão central na teoria da aquisição da linguagem e na afasiologia é (ou deveria ser) a dos processos envolvidos na construção e reconstrução das múltiplas faces do objeto lingüístico. Por outro lado, tanto os que lidam com a aquisição da linguagem do ponto de vista sócio-interacionista, quanto os que estudam a reconstrução da linguagem do sujeito afásico, têm em comum situar-se em relação à linguagem do sujeito adulto que domina (interpreta) sua língua. O recurso a uma teoria da aquisição da linguagem para explicar esses processos e orientar minha avaliação e prática terapêutica não deriva da opinião de que, no caso do afásico, ter-se-ia um processo regressivo que o aproximaria da criança. Ao contrário disso, não se pode esquecer que o afásico é um sujeito adulto, que já exerceu plenamente sua linguagem e *sabe disso*. Mais ainda, como se verá, mesmo com as dificuldades de linguagem que apresenta, o afásico mostra o domínio de relações extremamente complexas, típicas de um indivíduo adulto que tem estruturadas suas experiências.

Tomar por base uma teoria sócio-interacionista da construção de objetos lingüísticos reflete a minha convicção de que a reconstituição do sujeito afásico e de sua linguagem envolve os mesmos fatores: o jogo dialógico, a construção conjunta da significação, o recurso ao ponto de vista do interlocutor, a utilização dos interlocutores como base para os parâmetros da interlocução e da aceitabilidade social de suas expressões, a partilha e negociação das pressuposições que lhe permitam assumir na interlocução seus papéis reversíveis, etc. Com essa justificativa preliminar, passo à reflexão sobre o trabalho de De Lemos e outros psicolingüistas que postulam um paradigma interacional para explicar o processo de aquisição da linguagem.

Segundo esse ponto de vista, a aquisição da linguagem é um processo constitutivo, ao invés de depender de regras que operem sobre categorias e relações previamente dadas (Camaioni, De Castro Campos e De Lemos, 1985, p. 96). Assim como os recursos expressivos e os esquemas semânticos são constituídos no discurso e no discurso são constituídas a referência e as relações fatuais, essas autoras mostram que a própria aquisição se dá pelo mesmo processo. Consideram que "se deveria olhar a linguagem como uma modalidade particular de estruturação da realidade" (Camaioni, De Castro Campos e De Lemos, 1985, p. 96). Em outro trabalho, De Lemos (1981) mostra como a interação dialógica é constitutiva da própria linguagem no infante, pois os dados empíricos da aquisição da linguagem se constituem em evidência de que a incorporação pelo falante do turno do interlocutor atua como um ponto de vista estruturante do próprio enunciado e da situação.

Nesse sentido, a construção e a reconstrução dos objetos lingüísticos também devem inserir-se na perspectiva do discurso. Mais especificamente, na perspectiva das situações dialógicas em que adulto e criança ou afásico e não afásico entretêm conversações. Nessa interação, De Lemos (1982, p. 65) chega a distinguir alguns processos dialógicos peculiares que governam essa atividade de construção conjunta. A partir deles, poder-se-ia tentar uma via explicativa para a questão controversa da emergência dos primeiros vocábulos e da própria sintaxe. (Cf. também De Lemos, 1981)

Vale a pena ilustrar esse processo mediante alguns exemplos extraídos, com seus comentários, de De Lemos (1982, pp. 65 ss.).

(12) [L (1;7), no fim da refeição e ainda sentado na cadeirinha, começa a se agitar.]
Mãe — Qué descer? Descer?
L. — Qué ↓
M. — Você quer descer?
L. — Descê ↓ Descê ↓

Nesse diálogo com a mãe, do exemplo (12), observa-se que "a contribuição lingüística da criança consiste em respostas que resultam da incorporação de segmentos diversos da fala materna". A esse processo dialógico De Lemos chama "especularidade imediata", que substitui com vantagens a antiga noção de imitação: De Lemos reelabora essa noção para evitar a simplificação excessiva da noção clássica, ligada à reprodução ou repetição do modelo adulto, sem esse aspecto integrado de uma interação e construção conjunta. Ainda como especularidade, De Lemos distingue alguns casos que chamará de "especularidade diferida". Neles, "o uso que a criança faz da parte do enunciado da mãe, no mesmo contexto ou esquema interacional, é instanciado em um turno anterior não imediato". Assim no exemplo (13):

(13) [Dez minutos após a situação do exemplo (12) e ainda na cadeirinha.]
L. — Descê ↓ Descê ↓
M. — Você quer descer?
L. — Qué ↓

Note-se que "o processo de especularidade dá conta não só dos enunciados da criança mas também dos do adulto, enquanto ambos assumem seus turnos no diálogo, um incorporando pelo menos uma parte do enunciado precedente do outro e criando, nesta incorporação recíproca, coesão e continuidade do próprio diálogo". Nesses processos, mesmo diante de construções aparentemente "fragmentárias", observa-se uma atribuição, por parte da mãe, de um sentido e uma intenção aos enunciados da criança. Essa incorporação somente é possível porque a situação imediata discursiva e outras manifestações não verbais são integrados no processo interpretativo diádico das representações da criança.

Um outro exemplo ilustrará o processo dialógico da "complementaridade", que emerge a partir dos processos de especularidade, particularmente pela combinação da especularidade e da especularidade diferida:

(14) [L. (1;9) sentado no chão e ao lado de alguns brinquedos.]
M. — Você vai brincar?
L. — Hum ↑
M. — Hum?
L. — Intá ↓
M. — Do que você vai brincar?
L. — Intá ↓
M. — Do quê?
L. — Nenê ↓ Intá ↓
M. — Nenê vai brincar?
L. — É ↓ Nenê bintá ↓

Fica claro, nestes e em outros exemplos similares, que, subseqüente a um processo de especularidade onde se explica a pergunta da mãe ("você vai brincar?") e a resposta de L ("intá ↓"), surge um processo de complementaridade intra-turnos que faz emergir uma das primeiras combinações de vocábulos de L ("nenê ↓ intá ↓" e "nenê bintá ↓").

É a partir desses processos iniciais, e mais especificamente da especularidade diferida, que se cria uma estrutura dialógica; é ainda através deles que a criança, pouco a pouco, passa a um processo mais complexo que De Lemos chama de "reciprocidade". A reciprocidade, nesse contexto, pode "definir-se como reversibilidade de papéis no diálogo entre criança e adulto, desde o momento que se refere a um gradual assumir-se por parte da criança em papéis precedentemente recobertos pelo adulto, isto é: início da interação, constituição do outro como interlocutor ou como aquele que deve assumir o turno seguinte, atribuição de intenções, conhecimentos e crenças. Imposição através do enunciado de uma experiência que deve ser entendida como princípio organizador e/ou estruturador do enunciado do outro". Esta abordagem tem sido desenvolvida em trabalhos recentes ligados direta ou indiretamente ao projeto de aquisição da linguagem do Departamento de Lingüística da UNICAMP. O caráter constitutivo do discurso tem sido demonstrado na emergência e construção das várias faces dos objetos lingüísticos: a face fonético-fonológica (Lier, 1983; Scarpa, 1984; Albano, 1986), a sintático-semântica (De Lemos, 1981, 1982a, 1986), a de causatividade (Figueira, 1985), a do discurso narrativo (Perroni, 1983), a de expressões de causa e inferência (De Castro Campos, 1985), a de expressões espaciais (Carneiro, 1985), e a das origens da coesão textual (Scarpa, 1985a).

Sem antecipar a análise que farei na segunda parte deste trabalho, chamo a atenção para o fato de que esses processos dialógicos constitutivos de objetos lingüísticos se reencontrarão no processo de reconstrução da linguagem por meus sujeitos, sobretudo os que apresentam problemas discursivos. Um deles, o sujeito N, consegue justamente através da especularidade e da complementaridade em relação aos turnos do investigador reelaborar suas dificuldades lingüísticas.

4. A análise do discurso

A reflexão que fiz sobre a concepção de linguagem e os processos de construção dos objetos lingüísticos me coloca frente à questão de uma teoria do discurso. De um modo mais prudente, falo em análise do discurso porque, faltando ainda elementos definitivos para a construção de uma teoria tão abrangente, não deixa de haver, no que se tem chamado de análise do discurso, não somente questões programáticas gerais como ainda um exercício fecundo que coloca em evidência inúmeros aspectos do funcionamento da linguagem nas situações discursivas. A análise do discurso, no domínio da lingüística, visa a objetivar o discurso como eixo de sua prática: não sendo uma teoria da linguagem nem um método de análise, lida com discursos de diversas origens no interior da situação em que foram produzidos e, com isso, relativiza conceitos teóricos de que se serve a lingüística e instiga e inaugura novos conceitos na medida em que traz de volta inúmeros aspectos da linguagem anteriormente marginalizados.

No âmbito dessa mesma reflexão, deve ter ficado claro que esse objeto teórico — o discurso — não se caracteriza simplesmente em oposição à frase por um critério combinatório ou extensional. Não estou interessada no resultado material simbólico de um texto ou diálogo, mas na compreensão dos processos e fatores envolvidos em sua produção. A extensão tem, assim, um papel relativo na caracterização do discurso, em relação à questão de sua natureza: seja qual for a extensão ou o número de elementos e frases utilizados, não se pode falar em discurso se tais expressões lingüísticas não se incorporam a uma prática interpessoal, contextualizada, de ação intencional e recíproca. (Uma série de questões propostas ao afásico em um teste-padrão, se exclui esses diferentes fatores contextuais e anula o afásico enquanto interlocutor, pode ser um conjunto de frases mas não constitui um discurso. As expressões lingüísticas não têm, nessa prática, senão um papel instrumental e laboratorial de extrair informações que o examinador deseja.)

Osakabe (1979a, p. 21), recusando o ponto de vista puramente extensional de um Harris, estabelece alguns critérios qualitativos que contribuem para uma definição de discurso: "Do ponto de vista de sua natureza, o discurso caracteriza-se inicialmente por uma maior ou menor participação das relações entre um eu e um tu; em segundo lugar, o discurso caracteriza-se por uma maior ou menor presença de indicadores de situação; em terceiro lugar, tendo em vista sua pragmaticidade, o discurso é necessariamente significativo, na medida em que só se pode conceber sua existência enquanto ligada a um processo pelo qual eu e tu se aproximam pelo significado; e, finalmente, o discurso tem sua semanticidade garantida situacionalmente, isto é, no processo de relação que se estabelece entre suas pessoas (eu/tu) e as pessoas da situação, entre seus indicadores de tempo, lugar, etc. e o tempo, lugar, etc. da própria situação."

No co-texto em que Osakabe escreve, uma discussão com autores que o precedem como Benveniste, serve-se ele de alguns índices (como a relação eu-tu, como a referência aos indicadores dêiticos) para chegar, entretanto, a uma concepção própria bem mais ampla. Como observamos, Benveniste fala em uma apropriação da língua pelo sujeito via aparelho formal da enunciação para transformá-la em discurso. Ao contrário, Osakabe dissolve a dicotomia língua-fala: se minha interpretação está correta, não se trata de uma manipulação do sistema para a constituição do discurso. Na medida em que se incorporam no discurso os mais diferentes fatores pelos quais os interlocutores constroem a significação, o sistema lingüístico não é senão um dentre esses fatores. Não existe, portanto, um privilégio da língua, nem dos subsistemas que constituem o aparelho formal da enunciação em relação à convergência dos inúmeros fatores da ação discursiva. Por isso, o discurso é, inicialmente, interação: uma relação complexa, mais ou menos intensa, entre os interlocutores, que depende do conhecimento mútuo, das pressuposições que partilham, de um contínuo ajuste recíproco de imagens, da simetria ou assimetria de relações sociais anteriores.

Um segundo aspecto levantado é o de que o discurso se orienta para uma dada situação de fato, como um evento entre os eventos e uma ação entre outras ações. Por isso o discurso contém em si mesmo (ao contrário de definições formais meramente descritivas) indicadores situacionais das condições de sua própria produção. Além das instâncias pessoais, do tempo e lugar, há no discurso índices de subjetividade, das atitudes recíprocas dos interlocutores e relativas ao referente, dos critérios com que cada um opina.

O discurso, obviamente, entra no quadro das construções simbólicas: ele expressa as intenções significativas que os participantes trazem à interlocução, no sentido de agir um sobre o outro e sobre a própria situação. O discurso é sempre uma ação complexa que altera as condições iniciais da situação: uma construção conjunta da significação. É claro que, como observa Osakabe, há nesse encontro uma dimensão subjetiva e pessoal. Na medida em que o discurso é um ato, uma operação em que cada sujeito se envolve, e ao mesmo tempo uma representação, cada sujeito "cria nele sua própria experiência" e nele continuamente a reelabora. O discurso, pois, "constitui a experiência".

"Da mesma forma com que o ouvinte atua no discurso enquanto ser instituído pelo sujeito, a experiência que ele constitui representa sempre um ato criador." (Osakabe, 1979b, p. 33)

A propriedade significativa do discurso não se dá sempre do mesmo modo: a construção da significação depende justamente das complexas relações estabelecidas no contexto: o discurso se dá na situação. Quando o conhecimento recíproco e a partilha das pressuposições estão bem estabelecidos e os tópicos estão presentes na situação, o discurso pode fluir com uma mínima explicitude deixando-se aos fatores contextuais sua determinação. Caso contrário, no próprio discurso existe uma necessidade constante de ajuste e negociação e de um texto muito mais exigente e transparente.

Quando Osakabe diz que a semanticidade se garante na situação, refere-se ao fato de que esse é o quadro da significação lingüística mais típica. Voltemos à caracterização da linguagem como radicalmente indeterminada: as expressões lingüísticas não carregam em si todos os elementos necessários a sua interpretação. É pois enquanto discurso, envolvendo todos os demais fatores contextuais e intersubjetivos, que a significação é possível. Mesmo nas linguagens formais, que por uma exigência de explicitude se constroem de um modo determinado, completo e não ambíguo, há um discurso prévio geralmente posto entre parêntesis que garante essa determinação.

Retomemos, para melhor esclarecimento, algumas das noções envolvidas nessa definição. No que se refere às relações entre os participantes de um dado discurso é preciso ressaltar que, embora cada um incorpore nelas uma parte da história de sua convivência, elas não são dadas previamente. Nos casos extremos (como se dá no início de uma relação investigador-sujeito afásico) pode não haver qualquer traço comum nessa história. Por isso é que essas relações, ao mesmo tempo em que constituem o discurso, são constituídas no discurso por uma "negociação" permanente. A negociação é um processo pelo qual os interlocutores procuram fazer coincidir as imagens que cada um faz do outro, comparam entre si os compromissos com a verdade e crenças que possuem sobre os eventos envolvidos na conversação e testam a eficácia dos recursos expressivos de que se servem, escolhem a "clave" e o registro, enfim o estilo da sua fala. Essa negociação pode vir explícita ou implícita, mas sempre está presente; mais ainda no caso de interlocutores que não se conhecem suficientemente. Em relação, por exemplo, à aplicação de testes-padrão de afasia pelo examinador, é sempre bom lembrar que, por incorporar uma atitude metalingüística sobre os fatos da linguagem, excluem-se do escopo dessa tarefa a negociação e os ajustes múltiplos entre os participantes: as cartas desse jogo já vêm marcadas por uma forte assimetria. Nem se trata no caso de discurso, nem se constituem nele relações de interlocução.

Daí se tira que a situação ou contexto não é somente um espaço geográfico e físico que se dá como variável para o processo de interpretação: é um espaço relacional que se tem no próprio discurso porque mesmo seus aspectos circunstanciais têm que ser vistos pela perspectiva que os participantes instauram e pela incorporação específica que estes fazem dessa situação na produção de seu discurso. Além disso, incluem-se na situação todos os discursos precedentes pois a produção de cada um deles "induz uma transformação nas condições de produção de um discurso que o segue ou de que antecipa a produção" (Franchi, 1977, p. 24). Como vimos, é aí que se dá o processo de negociação discursiva. A isto nos referimos como co-texto. É nesse espaço que se dão os processos inferenciais (apreensão de pressuposições, implícitos, implicaturas, implicações), a que me referi no parágrafo terceiro do capítulo segundo, que por sua vez se incorporam como novos elementos e condições do contexto.

Quanto ao processo de determinação das expressões lingüísticas no discurso, é claro que, na perspectiva que adotamos, recusando uma concepção de linguagem como um código, toda interpretação depende do contexto: uma expressão não contém todas as informações necessárias à interpretação. Um contraponto a essa concepção, muito comum, é a de esvaziar as expressões de qualquer sentido prévio: a interpretação da expressão seria função de um conjunto de variáveis contextuais manifestas nas condições de produção. Mas esta concepção cai no mesmo problema da anterior: ter-se-ia que determinar todas as classes contextuais possíveis para a apreensão da significação. Prefiro descrever a construção da significação de uma outra maneira. As expressões, embora indeterminadas, trazem consigo sua história — certas regras de construção e propriedades semânticas que estabelecem aquela regionalidade a que me referi que, embora não indiquem punctualmente o seu sentido ou a sua referência, estabelecem já limites para a interpretação. Essa é a contribuição dos recursos expressivos das línguas naturais que se compõe com a contribuição de outros múltiplos fatores contextuais na determinação da linguagem em situações discursivas dadas. A construção conjunta da significação pelos interlocutores não é pois o resultado de uma "derivação" (seja a partir da sintaxe das expressões, seja a partir de classes privilegiadas de fatores contextuais ou da ideologia), mas o resultado de estratégias que os interlocutores põem em jogo na composição das expressões aos múltiplos fatores contextuais e de ação recíproca. Trata-se de fazer convergir, confluir para a significação a multiplicidade desses fatores.

5. Observações sobre a subjetividade na linguagem

Para finalizar este quadro teórico de referência, tanto dos estudos da linguagem dos quais nos distinguimos como daqueles com que nos identificamos e de onde partimos para construir nossos procedimentos avaliativos e acompanhamento terapêutico, discutiremos alguns pontos da questão do sujeito que passou a compor um foco de interesse desde sua inserção efetiva nos estudos da linguagem.

Como a língua não é determinada, há um espaço para a atividade do sujeito. Se ela o fosse, cada nova ocorrência seria construída pela simples combinação de elementos lingüísticos mediante regras necessárias e seu "autor" seria de fato o "falante", não um sujeito, um porta-voz e não um "ator". O estudo da constituição desse sujeito na linguagem é uma das tarefas da análise do discurso. E minha proposta de avaliação e acompanhamento terapêutico toma essa tarefa como um princípio ao mesmo tempo constituidor do sujeito afásico e das alternativas de reconstituição de sua linguagem, construídas no processo de interlocução.

O sujeito não é alguém que é soberano em relação à língua, nem seu criador. Mas também não é um repetidor ou reprodutor. Nem deus, nem máquina. O sujeito é sempre incompleto, imaturo, e ao mesmo tempo múltiplo: ao mesmo tempo social, histórico, psicológico e psicanalítico, biológico, lingüístico. Todos esses aspectos convivem no sujeito apesar da especificidade de cada um.

A interação desses aspectos revelaria identidades de indivíduos que não necessariamente estão presentes na representação que o sujeito faz de si mesmo no discurso: neste, os indivíduos representam papéis. São as marcas dessa representação, do modo como o indivíduo é sujeito na linguagem que o discurso vai revelar. Ora o sujeito apaga-se mais, ora o sujeito apaga-se menos: alguém pode ser mãe, professora, membro de um partido, etc., revelando em cada discurso uma de suas faces, mas em sendo professora o será sempre um pouco como mãe e provavelmente como membro daquele partido. A identidade não desaparece porque é dada por todos esses papéis. Nem é fácil mascará-la no discurso: o fato de se falar "não estou falando como diretor mas como amigo" no limite é uma tentativa inútil, pois lembra exatamente que quem está falando é o diretor.

Falo do sujeito de um discurso, pois é com quem me defronto em minha atividade clínica. Nesse sentido, a discussão da questão do sujeito não pode ser feita sem alusão ao estatuto do interlocutor. Ambos são sujeitos no discurso, tanto porque intercambiam papéis, quanto porque o que tem a palavra leva em conta a imagem do interlocutor conhecida ou representada, para calibrar o estilo de seu discurso, para decidir o quanto precisa ser dito e o quanto pode ser pressuposto. As marcas de ambos, locutor e interlocutor, estão presentes no discurso, de forma que a constituição é mútua. Há, no entanto, um certo desequilíbrio inerente à tomada ou posse da palavra. Quem toma a palavra "joga com as brancas" e quem detém a palavra tem larga margem de decisão sobre a jogada.

No caso dos sujeitos afásicos, o modo como eles têm sido tradicionalmente avaliados, revela sempre o ponto de vista de quem reproduz um sistema de regras e categorias fixas em que inexiste um lugar para o exercício subjetivo da linguagem. O afásico é sempre quem recebe os comandos do sistema e, nesse sentido, não passa pela experiência de constituir-se como locutor, perspectiva de quem produz um discurso sob a cobrança de uma "falta" sob o parâmetro do sistema.

As reflexões de Benveniste e de Osakabe sobre a subjetividade na linguagem informam minha investigação do estatuto lingüístico do sujeito afásico. O que busco decifrar e compreender é como se dá o acesso do sujeito afásico na linguagem, como, pelo processo de interlocução, esse sujeito se reconstituirá em conjunto comigo. Mais Osakabe que Benveniste, já que a reflexão deste sobre a subjetividade na linguagem se apóia em uma discutível oposição entre, de um lado, o "eu/tu" da relação intersubjetiva na interlocução e, de outro, o não sujeito, a não pessoa: o "ele".

Colin MacCabe (1981, p. 193) é um dos que critica o esquema de Benveniste: "Opor 'je/tu' a 'il' é destruir as assunções que fazem da passagem de 'eu' para 'tu' para 'ele' (ou 'it') uma inevitável e óbvia progressão. Ignorar sua inter-relação é ignorar que 'eu/tu' podem somente funcionar como categorias dêiticas para o sujeito da enunciação depois da passagem pela terceira pessoa; uma passagem que permite que este pronome assuma tanto a forma pessoal como a impessoal." MacCabe cita neste trecho a análise que Luce Irigaray faz do modo de acesso da criança na linguagem. Irigaray aponta, no desenvolvimento da criança, um momento especial em que esta tem acesso como sujeito na linguagem pela consciência de determinados lugares que pode ocupar na interação discursiva. Lingüisticamente, essa inserção na linguagem, "envolve o aprendizado de pronomes" que se apresentam como índices da ocupação pela criança de um desses lugares. Extremamente interessante é o modo como Irigaray valoriza a posição da terceira pessoa, excluída do processo de interlocução por Benveniste. "Eu/tu" já não são um par que se opõe a "ele, ela": a autora os envolve em uma estrutura relacional, cuja passagem pelo lugar vazio de "ele" ou "ela" se realiza mediante a experiência de tê-lo ocupado nas referências do interlocutor. Por esta experiência, a criança acede à linguagem e experimenta, nessa inclusão, o "primeiro gosto de destituição". A passagem do "tu" para o "eu", no diálogo, se dá pela permuta de uma situação em que é excluída ("tu") para outra em que se diferencia ao ocupar o lugar do locutor ("eu"). Não se apagam as diferenças entre "eu", "tu", "ele", mas a sua manipulação lingüística é relacionada no processo de interlocução: daí porque dispõe essas diferenças em uma progressão e não em uma ruptura. O acesso da criança na linguagem se dá com a capacidade da criança de objetivar-se como sujeito, substituindo-se à terceira pessoa de quem faz dela menção ("ele"), ocupando o lugar do interlocutor ("tu") quando lhe dirigem a palavra e, progressivamente, quando assume o papel do locutor ("eu"). A objetivação da criança, ao nível da experiência dos lugares vazios e ocupados na interlocução, funda a aquisição de recursos lingüísticos para marcar sua inclusão ou exclusão no discurso.

Aproveito esta reflexão de Irigaray para pensar a alteração da objetivação do sujeito afásico na relação de interlocução, marcada pela alteração nos modos de manipular lingüisticamente os diferentes papéis discursivos. Outra vez vale advertir que me sirvo de elementos teóricos da aquisição da linguagem na medida em que o estudo da linguagem patológica e o estudo da aquisição da linguagem explicitam condições de funcionamento de processos internos envolvidos na construção e reconstrução da linguagem. Não se deve tomar esse paralelo como uma relação direta entre estágios de desenvolvimento da linguagem na criança e a destituição de certos fenômenos da linguagem no sujeito afásico.

Enfim, deixem-me fechar este parágrafo com uma caracterização geral do sujeito afásico. Pode-se delinear um panorama lingüístico nos seguintes termos: apresenta ao nível da linguagem uma certa destituição de condições de significação (que podem diferir de sujeito para sujeito), quer do ponto de vista do sujeito (execução e funcionamento da prolação articulatória), quer do ponto de vista da relação do sujeito com o outro, ou seja, do processo de interlocução (execução e funcionamento do processo discursivo), quer, ainda, nessa mesma perspectiva, da manipulação de certos recursos expressivos e das relações de compatibilidade entre os termos.

É importante salientar que o modo de destituição das condições de significação, sobretudo as de funcionamento discursivo e de seleção dos recursos expressivos, apresenta, além de fenômenos de generalidade, características específicas de cada sujeito, resultantes de sua história individual, social, etc. Conseqüentemente, a restituição dessas condições aponta para um percurso epilingüístico próprio em cada sujeito. Meu enfoque dos procedimentos avaliativos e acompanhamento terapêutico segue, por isso, os princípios teóricos que vim descrevendo, mas, metodologicamente, fluem como práticas individuais de constituição conjunta do sujeito afásico com seus interlocutores.

PARTE II

A prática clínica de avaliação
e acompanhamento dos sujeitos afásicos

Introdução

Dividirei esta parte em três capítulos: um em que darei ao leitor uma série de informações que circunscrevem o modo como atuo e outros dois em que descreverei alguns episódios dialógicos relevantes do acompanhamento de dois sujeitos afásicos, P e N (incluindo alguns relativos a L), analisarei as produções lingüísticas que neles ocorrem fazendo aparecerem suas dificuldades e processos de reconstrução da linguagem. O suporte teórico é sempre o mesmo (em termos da concepção de linguagem que fundamenta tanto o modo de atuação clínica, como o que deve ser avaliado), mas a exposição das estratégias e a descrição dos fatos diferem quanto ao lugar de onde provêm. Ou seja, por um lado, os dados provêm do sujeito afásico e da atuação conjunta do investigador e, por outro, a análise e o processo de reconstrução provêm do investigador e da atuação conjunta do sujeito afásico. A confluência desses dois pontos de vista é dada pelo suposto teórico em que baseio as estratégias de reconstrução dos objetos lingüísticos alterados e o modo de interpretá-los. Nesse sentido, organizarei os dados (isto é, fragmentos dessa atividade lingüística tomados aqui como objeto para efeitos de análise e descrição) de modo a que se obtenha um panorama geral da linguagem de N e P, evidenciando as dificuldades lingüísticas que a caracterizam e uma história dos processos mediante os quais cada sujeito, de um modo peculiar e específico, a reelabora.

CAPÍTULO 5

Condições e estratégias da prática clínica

Neste capítulo descreverei as características gerais e os limites de minha prática clínica, justificando os princípios e formas de atuar com os sujeitos, de acordo com a situação. Trata-se de examinar as condições da produção discursiva na situação de acompanhamento clínico, de explicitar alguns dos pressupostos fundamentais para essa prática, de descrever os instrumentos avaliativos utilizados, situando-os sempre do ponto de vista teórico em que me coloquei.

Destacarei os aspectos peculiares da situação que envolve sujeitos afásicos e examinador em uma interação verbal, os processos iniciais de formação de um conhecimento mútuo fundamental para essa prática, o papel de outros participantes diretamente ou indiretamente envolvidos e, mesmo, algumas das estratégias de que me servi. Fica claro que tais práticas não podem ser estendidas, sem mais, para quaisquer sujeitos: em cada caso, o investigador tem que apurar sua sensibilidade para adequar sua interferência à situação diferenciada, levando em conta os princípios derivados da concepção teórica já exposta.

1. Condições de produção da linguagem

A avaliação e o acompanhamento da linguagem dos sujeitos afásicos se fez a partir de situações discursivas, dialógicas, que são o modo de ação primeiro em que se exercita a linguagem oral. Assumo, como tenho reiterado, que o processo dialógico caracteriza a linguagem e é o lugar de constituição para outros modos de ação verbal. No procedimento metodológico, portanto, evitaram-se os procedimentos clássicos de obtenção de "expressões lingüísticas" em situações controladas (formulários, testes, etc.): cabe ao pesquisador encontrar os métodos de análise e sistematização dos dados variados que nascem de discursos produzidos em contextos reais.

Inicialmente, considerando a estereotipia social das relações professor/aluno, terapeuta/paciente que deforma a relação de interlocução e mesmo o fato de que eu e o sujeito afásico nos somos reciprocamente impostos nas situações iniciais de diálogo, utilizo certos contextos relativamente artificiais (exame de quadros com cenas diversas, fotos de situações, pessoas, objetos e eventos) dos quais extraio os temas para as primeiras conversas. Mesmo nessas situações, procuro explorar todo acontecimento eventual para "naturalizar" a situação.

O aumento do conhecimento mútuo e da disposição recíproca (que varia de sujeito para sujeito), provocado pelos procedimentos avaliativos (agenda, caderno de atividades, álbum de retratos, interação com a família, atividades de interesse pessoal, etc.) vai fornecendo condições dialógicas mais espontâneas. Ocorre, no entanto, no acompanhamento longitudinal (e isto é um imprevisto possível em situações de avaliação em que a linguagem e uma patologia da linguagem estão em jogo), que o interlocutor/investigador suspenda a atividade lingüística espontânea e se sirva de situações artificiais mais controladas com o objetivo preciso de:

— apreender uma dificuldade lingüística específica em um determinado momento do acompanhamento longitudinal;

— relativizar a imagem estereotipada de uma terapia anterior assentada na atividade metalingüística;

— obter elementos para a modificação das estratégias discursivas por mim utilizadas, seja para superar uma dificuldade lingüística bem caracterizada, seja para criar situações mais próximas de uma produção lingüística espontânea;

— construir, mais sistematicamente, com o sujeito processos de significação diferentes dos usuais.

Isso acontece particularmente no caso do sujeito P, por razões que ficarão claras no próximo capítulo, com resultados positivos para os propósitos que indiquei acima. Ao contrário, essa estratégia foi infrutífera no caso de N, cuja produção lingüística nas atividades meramente descritivas e rotulativas era sempre significativamente pior do que nas situações espontâneas. Isso mostra mais uma vez o cuidado e a atitude do pesquisador nesse acompanhamento: ele deve variar a cada momento suas estratégias não somente porque cada sujeito é um sujeito, mas ainda porque ele mesmo deve aprender, no processo, numa permanente crítica de seus procedimentos, como interagir com esse sujeito idêntico somente a si mesmo. Não existe, na prática da linguagem, nenhum sujeito médio ideal, que possa ser tomado como padrão para uma bateria fixa de estratégias.

Esses contextos de produção de certo modo "provocados" podem anteceder e desencadear produções espontâneas, alternar com elas e a elas sobrepor-se. Esse movimento de vai-e-vem construtivo de nossa prática com a linguagem tem, entretanto, sempre o objetivo de chegar justamente ao desempenho espontâneo, desancorado do apoio clínico e esperado nas situações sociais em que o sujeito afásico vai agir e interagir.

Nesse processo, a ação do investigador não pode entretanto limitar-se a trabalhar as condições de produção. Cabe a ele (e nesse caso somente a ele) refletir sobre a natureza da produção lingüística problemática de cada sujeito e sobre os vários aspectos da linguagem que apresentam alterações relativamente aos modos de estruturação das expressões e suas regras de uso (dificuldades com a produção articulatória, com a seleção lexical, com a organização sintática, com a expressão das relações semânticas, com o uso de expressões lingüísticas em determinadas situações dialógicas, etc.). Não se trata somente de inventariar os desvios da linguagem do afásico em relação ao sistema lingüístico utilizado pelos sujeitos não afásicos. Nem se trata somente de um viés de lingüista para o qual a linguagem é certamente, além de uma prática, um objeto de conhecimento. Trata-se sobretudo de apreender na linguagem (mesmo quando fragmentária) do afásico os modos pelos quais ele organiza e estrutura os recursos expressivos de que dispõe ou os mecanismos alternativos pelos quais ele supre suas próprias dificuldades, de descobrir pelos indícios de sua fala e pelas suas manifestações explícitas as hipóteses que ele mesmo faz a respeito dessa estruturação e dos mecanismos que ele põe em jogo para produzir significações, de definir com acuidade o lugar de suas dificuldades sobre o qual deve operar. Adotando a hipótese da indeterminação radical da linguagem e, portanto, a de que muitos fatores se aliam na produção da significação, não se pode, porém, chegar à posição radical insustentável de que essa significação se produz sem expressões lingüísticas, ou que essas expressões se produzem sem regras construídas em uma práxis histórica e social: um discurso sem discurso.

É o que verificarei no estudo da produção discursiva e lingüística dos sujeitos afásicos P, N e L: em N e L predominam dificuldades de inserção pessoal na situação discursiva e uma limitação nas condições de produção do discurso; em P, essa mesma dificuldade manifesta-se em problemas mais visíveis de estruturação das expressões lingüísticas. Em todos, com maior ou menor intensidade, há problemas dos dois tipos.

Dentre os recursos expressivos nas situações dialógicas com o sujeito afásico, é ainda indispensável considerar as estereotipias particulares, os gestos complementares (muitas vezes o único instrumento simbólico à disposição dele), o olhar e a orientação do olhar. Cada um desses recursos possui um valor próprio em cada situação; o investigador deve conhecê-lo com a exatidão possível para interpretar e incorporar seus aspectos significativos.

Mas ainda não basta. Além das condições dialógicas e das expressões produzidas nessas situações, tem-se que conhecer e interpretar o silêncio e as hesitações dos sujeitos afásicos. Essas pausas e hesitações (tanto quanto manifestações intercaladas de irritação e frustração como "puta-que-pariu", "saco viu", "ah! meu deus", etc.) diferem de sujeito para sujeito, mas são sempre um índice importantíssimo para o investigador do momento em que se dá uma ruptura no prosseguimento da instância discursiva pela interferência de uma dificuldade específica que pode então ser identificada e compreendida. Nesses casos, o investigador precisa conhecer com precisão o peso do silêncio, das hesitações, das manifestações de desagrado, para decidir-se entre deixar o sujeito estar com sua dificuldade e elaborá-la epilingüísticamente, ou fornecer-lhe um prompting de apoio ao prosseguimento da fala, ou refazer a questão ou modificá-la para restabelecer o equilíbrio das condições dialógicas, ou até completar a fala para reduzir as tensões dessas situações. Para tudo isso o investigador deve apurar sua sensibilidade e atenção, o que não se consegue sem um grande conhecimento mútuo e mesmo uma boa dose de comprometimento pessoal e afetividade.

Todos esses cuidados levam o investigador a integrar-se na situação e participar dela em seu interior, não como um observador ou "coordenador". Sem eles, corre-se em maior grau os riscos inevitáveis de criar estratégias equivocadas de apoio que, em vez de contribuir para uma relação dialógica satisfatória, anulam suas condições básicas e dificultam a interação.

2. O conhecimento mútuo

Independentemente das discussões teóricas em diferentes tendências, todos admitem a hipótese de como o conhecimento mútuo constitui o conjunto das pressuposições indispensáveis ao diálogo e à determinação pragmática da significação nas situações discursivas. Esse conhecimento não pode, pois, deixar de ser um dos aspectos fundamentais que caracterizam a prática clínica com os afásicos.

Desde o primeiro contato com o sujeito e com o acompanhante deve-se cuidar de facilitar a interação com vistas a esse conhecimento: estabelecer uma rica relação intersubjetiva entre os participantes de modo a logo viver, com efetividade, o papel ativo de interlocutor. O investigador fala de si, do trabalho que vão desenvolver, de sua experiência na prática clínica. Fala com a família (representada nas sessões individuais pelo acompanhante), criando os compromissos de uma cumplicidade, base para a construção das relações entre os interlocutores em questão.

Esta fase inicial de interação importa para a natureza da relação que se estabelece entre mim — interlocutora/investigadora —, o sujeito afásico e o acompanhante ou outros participantes eventuais. Ao explicitar para o sujeito afásico que, em nosso contato semanal, avaliaremos sua linguagem ao mesmo tempo em que construiremos juntos os processos de significação, estou de saída constituindo-o como sujeito, mesmo na situação limite em que se encontra. Estou convidando-o a assumir-se com sua especificidade e peculiaridade e a agir comigo na condução dos processos em que nos envolveremos. Sabemos, pela concepção de linguagem adotada, que é na linguagem que restabelecerá as relações interpessoais e fatuais e se reconstituirá como sujeito diferenciado por essas relações e vice-versa: é nessa interação que reconstruirá sua linguagem. E não é porque o sujeito afásico tem problemas com a linguagem (salvo casos extremos) que ele está privado de ações próprias nessa mútua reconstituição. Justamente o oposto: mesmo os episódios iniciais e titubeantes de uma correta interação, estendidos pelo olhar e pela atenção recíproca, pelos gestos e pelas primeiras manifestações recíprocas de uma empatia que independe do que já se pode dizer um ao outro, são a constituição inicial do espaço interpessoal para a emergência da linguagem que o amplifica e recompõe em termos novos a interação que amplifica e recompõe a linguagem, e assim por diante.

As primeiras sessões se ocupavam sobretudo da construção desse conhecimento mútuo: de parte a parte, dados pessoais de trabalho, família, escolaridade, lazer, atividades diárias, amigos, preferências, e a explicitação dos papéis de cada participante — eu, o sujeito afásico e o acompanhante (e o outro investigador). O que se está construindo juntos é uma base de conhecimento mútuo comum, um conjunto de pressuposições a serem partilhadas na interação verbal. Isso é importante para a interpretação recíproca das expressões lingüísticas que produzimos, mesmo nas situações usuais de diálogo: a linguagem não é um código e, para interpretar as expressões lingüísticas não basta apenas conhecer o léxico, as regras de sintaxe, "decodificá-la". Uma grande parte da interpretação depende de inferências pragmáticas que tomam como base não somente o significado literal das expressões mas o contexto, nele incluída a imagem que os interlocutores fazem um do outro e, de modo importantíssimo, o conhecimento comum que os interlocutores partilham ou supõem que partilham. Imaginem, então, como esse conhecimento será indispensável no caso de um diálogo com o sujeito afásico: dadas as suas dificuldades lingüísticas, há um aumento da indeterminação, incompletamento e ambigüidade das expressões lingüísticas que constrói, tornando ainda mais exigente o recurso ao contexto e às pressuposições comuns para a interpretação conveniente.

Os participantes todos devem, pois, conhecer-se e relacionar-se muito bem para integrar-se na prática clínica. Devem ir formando um do outro uma imagem clara para os fins da comunicação recíproca; devem formar uma base comum de conhecimentos mínimos, uns sobre os outros, para o processo interpretativo. Além disso, e por isso, devem construir conjuntamente as condições do processo dialógico: elaborar as regras específicas do jogo de linguagem que jogam, na negociação e no ajuste recíproco, até mesmo na possibilidade do impasse e do blefe. Em vez de simular situações que disfarcem as dificuldades, tem que ficar explícito ao sujeito que a avaliação de sua linguagem é feita nessas situações em que põe em funcionamento os recursos lingüísticos de que dispõe, em um contexto que passa a fazer parte de sua vida. Deve ter em mente que essa avaliação não pode ser de responsabilidade de um observador neutro (o investigador) mas também dele e do acompanhante, na medida em que, dialogando, se fazem surgir os recursos lingüísticos alternativos que o afásico e seus interlocutores agenciam diante dos impasses discursivos.

Fica mais claro assim o papel da avaliação na prática clínica: não tem sentido para mim preocupar-me somente em confirmar ou infirmar certas hipóteses descritivas e classificatórias da afasia; o objetivo não é descobrir se o sujeito afásico sabe nomear objetos que lhe são apresentados, elaborar listas de palavras, mas como convive com esses nomes de objetos e pessoas, de ações e processos nas conversas entabuladas. Não me interessa a avaliação para traçar um perfil do sujeito: conhecê-lo melhor é basicamente uma condição para poder interagir com ele e com ele buscar solução, seja para as dificuldades lingüísticas, seja para as dificuldades causadas por seu desempenho lingüístico diferenciado.

Não é demais insistir sempre nessa instância no mínimo dúplice em que avalio os sujeitos afásicos: um processo dialético de que todos fazemos parte. O relacionamento intersubjetivo (buscando conhecer-nos reciprocamente, estando atentos para todos os sinais, mesmo não verbais, com que nos podemos relacionar inicialmente, integrando todos os participantes do processo, elaborando juntos nossas "regras conversacionais") cria as condições de interação, não como um limite dos acontecimentos discursivos mas como o lugar onde eles podem ocorrer. A interação possibilita a participação dos interlocutores na instância discursiva de que fazem parte; os episódios discursivos, por sua vez, vão ampliando as condições de interação que tornam mais intensa a intersubjetividade (até mesmo porque nela o afásico se reconstrói como sujeito), ampliando o espaço de interação inicial e orientando positivamente a evolução do processo.

É a tudo isto que chamo contextualização. O reverso dessa atitude, isto é, prescindir de quem diz, para quem se diz, em que situação se diz, como se diz, etc. coloca uma distância enorme entre os participantes da prática clínica. De modo particular, anula o sujeito afásico que não se integra no processo senão como "paciente" ou objeto de investigação. Na verdade, anula as possibilidades da linguagem, isto porque avaliar expressões lingüísticas isoladas desse contexto é servir-se da linguagem para construir um domínio representativo higienizado e frio, fazendo abstração da própria linguagem. Não podemos esquecer que a linguagem é o processo: é trabalho e atividade constitutiva, como fala Franchi (1977), em que constituímos coletiva e historicamente (*na* história da interlocução, atravessada *pela* história) esses domínios de representação, não como atividade especular mas como atividade construtora e transformadora da realidade. É ação, como fala De Lemos (1984), ação sobre o outro (atividade comunicativa) e ação sobre o mundo (atividade cognoscitiva) e ainda ação descentrativa e analítica no momento em que o sujeito rompe essa duplicidade e opera sobre a linguagem enquanto objeto construído. Por isso, a prática clínica que envolva a linguagem não pode dar-se senão nos contextos social, interacional, intersubjetivo onde a linguagem é possível.

Não é somente uma avaliação inadequada que resulta de tomar a linguagem como um corpus de objetos lingüísticos para a análise e a classificação. Imaginem o que pode ocorrer no processo terapêutico quando decontextualizamos a linguagem e transformamos sua prática em exercícios de "reposição" de faltas. Privamos o afásico de conviver nas situações em que a linguagem é trabalho e em que esse trabalho lhe permita reconstruir o sistema expressivo e representativo de que se serve em sua ação sobre os outros e sobre o mundo.

3. O papel do acompanhante

Fiz, no parágrafo anterior, várias referências à participação do acompanhante no processo de acompanhamento e avaliação do sujeito afásico. São necessárias, porém, algumas observações sobre essa participação. O acompanhante, uma pessoa mais intimamente ligada ao sujeito afásico, partilha já com ele um conhecimento de sua vida, relações e pressuposições. No acompanhamento, ele tem um duplo papel: por um lado, na medida em que participa e se envolve na prática clínica, garante junto à família a continuidade dos procedimentos e atitudes conformes aos princípios que juntos estabelecemos. Isso porque é comum a família não saber lidar com o sujeito no dia-a-dia, tratá-lo como criança ou aprendiz, falar alto e devagar com ele e, pior ainda, falar no lugar dele, tentando adivinhar sua vontade. Não é raro, também, que a família reaja contra as poucas expressões que o afásico consegue produzir. É o que aconteceu com N: a mulher se sentia constrangida com a estereotipia de que ele se servia nas mais variadas situações — "puta-que-pariu!". Não se apercebia de que N a produzia nas mais diferentes situações dialógicas, com diferentes intonações, produzindo diferentes significações. Era a estereotipia um dos poucos pontos de apoio para o desenvolvimento de sua linguagem que a família deveria interpretar adequadamente e incorporar à interação verbal.

Por outro lado, o acompanhante funciona como um elemento tranqüilizador para o sujeito, uma vez que investigador e acompanhante combinam entre si uma participação deste nas situações em que as dificuldades do afásico levam a uma ruptura da instância discursiva: o seu papel não é substituir-se ao afásico mas o de facilitar sua inserção na instância de discurso oferecendo-lhe subsídios (lembranças, informações, motivos) para que juntos consigam superar a dificuldade momentânea.

De novo se atente para as diferenças entre cada um dos sujeitos acompanhados. No caso de N, por exemplo, a escolha da filha para o papel de acompanhante sistemático foi fundamental. A mulher se mostrara muito menos eficiente porque insistia em falar no lugar dele em vez de assumir, como a filha, a cumplicidade ao nível dos procedimentos discursivos e dos comportamentos compatíveis com essa cumplicidade. Foi a partir da filha que essa atitude em relação ao afásico e às situações dialógicas em que se envolviam se estendeu a outros elementos da família, com os quais passei a ter contatos no sentido de garantir o que pactuava com a acompanhante, multiplicando com isso as situações de interlocução proveitosa. No caso de P, diferentemente, minimizei a presença do acompanhante para oferecer-lhe condições de uma atuação mais autônoma, independente; ele me fora encaminhado para acompanhamento um ano e meio após o episódio neurológico responsável por seu distúrbio fásico e, nesse intervalo, seguiu um tratamento fonoaudiológico que o habituou a "responder se estimulado". Por isso, admitimos a presença da irmã somente nas sessões iniciais e a cada três meses para uma avaliação geral de controle. No caso de L, por razões diferentes, também recomendou-se a presença do acompanhante somente nas sessões iniciais. Para L era importante, por causa de suas características pessoais e sua história (ser divorciado, morar com a mãe de oitenta anos, ter uma filha morando com a ex-mulher, estar prestes a aposentar-se) dispensar o acompanhante em sua avaliação e acompanhamento terapêutico. Além disso, como veremos melhor, o problema de linguagem de L se caracteriza justamente pelo fato de, quando fala, falar de si para si mesmo, tendo dificuldade de ter e dar acesso a um interlocutor. O acompanhante — um interlocutor profundamente ligado a L — tornava-se, assim, mais um problema para ele, duplicando as relações intersubjetivas de reversibilidade dialógica que L tinha dificuldade de estabelecer. Acrescente-se, nesse caso, o risco de que o acompanhante acabasse por sobrepor-se a L: conhecendo boa parte das condições em que se manifestaria, colocar-se em seu lugar como locutor.

Não existe, pois, uma forma prévia de estabelecer condições para a prática clínica; o ponto que se deve ter em mente é que os participantes dessa prática devem relacionar-se de tal modo que contribuam sempre para uma integração do sujeito em diferentes situações dialógicas em diversas situações e diferentes interlocutores. Em outros termos, para diversificar o contexto dialógico, sempre que isso não aumente as dificuldades iniciais do sujeito afásico.

4. Procedimentos avaliativos

Mesmo com todos os cuidados para estabelecer condições de um diálogo efetivo e natural, isto é, que reproduzisse as condições habituais da vida do sujeito afásico, não se pode deixar de estar consciente da singularidade e mesmo de uma certa artificialidade na situação de acompanhamento clínico. Ela entra, até por preconceitos sociais de que não está livre o sujeito afásico, em um quadro de "anomalia" ou anormalidade. Os procedimentos que vou descrever, agenda, álbum de retratos, caderno de atividades, interação com a família, atividades de interesse pessoal, todos compõem um conjunto de estratégias (portanto, suscetíveis sempre de ampliação e modificação em cada caso), visando a reduzir tais aspectos restritivos.

4.1. A agenda

O objetivo deste expediente prático é o de propiciar uma fonte de dados atuais do sujeito que possam constituir o enredo de episódios dialógicos. Nele se amplia o conhecimento dos interesses do sujeito por parte do investigador, estimula-se a prática de atividades diferentes das usuais no acompanhamento clínico, obtêm-se aspectos da organização da vida do sujeito registrada em linhas gerais no cotidiano da agenda. Por outro lado, este pequeno diário de afazeres funciona para o sujeito como um princípio organizador dos episódios dialógicos a ele relacionados, ou seja, fornece ao investigador perguntas relevantes para o sujeito, relatos de sua experiência, menção a episódios passados e atuais tais como viagens, visitas, acontecimentos sociais, questões de trabalho, família, negócios, lazer, etc. Na agenda o investigador tem à sua disposição um universo efetivo de acontecimentos próprios para servir de tema aos diálogos e aos relatos espontâneos.

O investigador deve cuidar de também contrapor às informações da agenda dados de sua vida, para diminuir a assimetria da relação interpessoal possibilitando a interferência do afásico e garantindo a reversibilidade dos papéis própria da interlocução.

A origem da agenda em nossa atividade está no fato de que os dados agenciados são do sujeito e de tudo o que o cerca. Por essa razão, dinamizam-se, com efetividade, as condições de reconstituição do sujeito provocadas e ampliadas pelo investigador. Além disso, a organização dos dados da agenda, enquanto fonte de conhecimento recíproco, permite emergirem fatores pragmáticos de determinação da significação, possibilitando a explicitação das situações envolvidas, a partilha de pressuposições fatuais, o ajuste e a negociação dos conhecimentos não partilhados. É, assim, a agenda um procedimento de que me servi para instanciar em discurso os processos dialógicos que me levaram a conhecer as dificuldades lingüísticas do sujeito e instigar a utilização de recursos expressivos alternativos.

A anotação dos fatos na agenda é feita pelo próprio afásico (obviamente se ele é alfabetizado e não portador de uma agrafia). No caso do sujeito P, por exemplo, as anotações foram feitas inicialmente pela irmã-acompanhante, por mim e outra investigadora, assumindo ele logo essa tarefa. O sujeito N, no entanto, embora escolarizado, exercia rarissimamente atividade verbal escrita antes de ser afásico; as anotações, por isso, foram feitas pela filha-acompanhante; isso não diminuiu o interesse da agenda no procedimento avaliativo-terapêutico. Enfim, o sujeito L não demonstrou interesse pela agenda, preferindo fazer oralmente os relatos de seus afazeres semanais: com este sujeito, cuja dificuldade principal reside na compreensão da produção do interlocutor (tanto oral quanto escrita, como no caso de jornais), as anotações na agenda podiam de fato dificultar o reconhecimento de problemas específicos da oralidade: recorrendo à escrita, o sujeito teria um escape imediato e um apoio indistinto a suas dificuldades, encobrindo-as para a investigação. Acrescente-se que L, no início dos trabalhos, não conseguia escrever com desenvoltura e isso lhe era constrangedor na presença da filha; aumentava sua impressão de que dela dependia em tudo. Por isso, decidi suspender, no caso de L, o procedimento avaliativo da agenda e transformá-lo em uma estratégia predominantemente oral.

4.2. O álbum de retratos

Nas situações efetivas de produção do discurso, é indispensável que cada locutor tenha o domínio alternado das iniciativas: "jogar com as brancas". O objetivo dos procedimentos com o álbum de retratos era precisamente esse: fornecer ao sujeito condições de ser predominantemente locutor, de ter a posse da palavra e a direção do diálogo. Neles, somente o sujeito podia apresentar as pessoas, explicitar sua relação com elas, nomeá-las (e foi assim que descobri a anomia extensa de N para nomes próprios), referi-las a episódios singulares, provocar perguntas sobre as pessoas, circunstâncias e informações fatuais relativas às fotos. O álbum de retratos se torna, assim, um exercício para a reversibilidade dos papéis na interlocução, com a vantagem de que é o sujeito afásico quem domina o enredo em questão, como um dos sujeitos principais dos episódios construídos nos diálogos. Ele é o ponto de referência em torno do qual se situam as relações familiares e sociais trazidas pelas fotos.

O procedimento teve também diferentes repercussões nos três sujeitos a quem me refiro neste trabalho. Para N, revelou-se de extrema importância, dada sua dificuldade na reversibilidade dos papéis de locutor e interlocutor, em iniciar um episódio narrativo ou tomar a iniciativa de um diálogo, em explicitar ao interlocutor elementos do contexto conhecidos só por ele e necessários à determinação da significação, em referir as pessoas e objetos mediante "nomes" ou descrições (servindo-se no caso de elementos dêiticos não ancorados na situação). Estas dificuldades, aliás, foram descobertas sobretudo ao longo de atividades em torno do álbum de retratos (e da agenda).

Por opção de P, trabalhei com fotos isoladas de viagens da família, em que todos os membros estavam presentes. P, entretanto, estabelece com facilidade as relações intersubjetivas da situação dialógica; além disso, interessa-se mais por fotos de revistas e livros que despertam temas mais variados. Obtidos esses dados, não me pareceu necessário continuar com ele atividades desse tipo, que foram retomadas em outro momento do acompanhamento para a avaliação de uma dificuldade específica com os nomes de parentesco.

O procedimento foi pouquíssimo utilizado com L. Duas razões me levaram a isso. Primeiramente, o fato de L ter sido fotógrafo profissional, quando trabalhava como jornalista em Campinas, fez que logo "enjoasse" da atividade, mesmo como "hobby". Trabalhei em poucas sessões com fotos que fizera de sua filha quando pequena, porque estas L fez questão de trazer e mostrar. Uma segunda razão é que o álbum de retratos da família, para L, perdeu muito de seu sentido por ser ele divorciado da esposa. Seu desinteresse prejudicava a interação dele comigo e outros participantes, o que desaconselhava a insistência no procedimento; explorei outros núcleos de interesse de L, seu trabalho, atividades diárias, capazes de garantir seu empenho e de levar a situações mais favoráveis à interação indispensável aos propósitos de acompanhamento e avaliação.

4.3. Caderno de atividades

Como os sujeitos que me foram encaminhados são muito diferentes entre si, em relação a sua história pessoal, a seus interesses, ao nível de escolaridade, e baseando-se minha prática (nunca é demais insistir) em uma perspectiva interacional que pressupõe conhecimento mútuo, propus o procedimento do caderno de atividades como um meio a mais de conhecê-los melhor e desenvolver novos pontos de interesse comum. Nesse procedimento, o sujeito desenha, escreve, pinta, recorta fotos ou manchetes de jornal, coleciona piadas, enfim, produz quaisquer objetos que o atraiam e em que se empenhe. A atividade fornece novas pistas, ao investigador, sobre quem é seu sujeito e sobre o que preferirá dialogar.

Tal como no caso dos procedimentos anteriores, este também não pode ser utilizado indistintamente. Os sujeitos N e L não manifestaram grande interesse pelo caderno de atividades. Para P, ao contrário, ele foi de muita utilidade em vários pontos. Pedi, por exemplo, a P que desenhasse algo em seu caderno em casa. A beleza e a precisão com que desenhou uma torneira e uma flor me surpreenderam, levando-me a descobrir seu interesse pelo desenho, particularmente de paisagens. Foi esse o espaço de inúmeros episódios dialógicos de muito proveito para a avaliação e o acompanhamento longitudinal de P, sobretudo para ganhar seu empenho em quebrar a estrutura conversacional viciada — estímulo/resposta — em que fora treinado durante cerca de um ano e meio do tratamento fonoaudiológico. Conhecendo esse seu interesse, foi possível planejar outras atividades que tornassem nossa relação diferente da situação terapêutica anterior e mais próximas de situações de vida: convidei-o para irmos juntos a uma exposição de quadros, o que provocou nele um entusiasmo notável, rompendo a imagem negativa que trazia da terapia anterior com benefícios para a avaliação. De sua parte, a outra investigadora lhe trouxe um livro sobre a América Latina propiciando outro tipo de atividade: P reagiu surpreendentemente (em relação a sua apatia anterior) referindo-se a todos os países, nomeando suas capitais, reconhecendo suas bandeiras. Espontaneamente, na sessão seguinte, trouxe o desenho de várias bandeiras com o nome do país e a capital, e ofereceu a bandeira da Itália ao sujeito N, por saber que é italiano. (Aproveitei esse contexto para testar afasia de cor, agnosia de cor e anomia de nomes próprios.)

Esses episódios, embora aparentemente corriqueiros, quando revelam o empenho do sujeito, são importantes para desencadear uma atitude e uma forma de ação construtiva em relação a suas próprias dificuldades.

4.4. Interação com a família

Conhecer a família e o modo como esta concebe e lida com o afásico e como este mantém suas relações com ela, saber qual o papel do afásico na família antes e depois de seu distúrbio neurológico é indispensável para estabelecer com ele uma interação adequada e fecunda. É, aliás, esse ambiente familiar o lugar mais apropriado para que o afásico se reconstrua como sujeito, independentemente das restrições de seu novo estado pessoal. Deve-se, por isso, convocar a família para um empenho em participar ativamente da prática clínica e orientá-la nessa prática: compreender e aceitar suas dificuldades e limitações interagindo com ele tal como ele é; acompanhar sua evolução para um reajuste contínuo de seu comportamento a seus progressos e a eventuais fases regressivas; não tratá-lo como criança de quem se esperam atitudes lingüísticas aquém da capacidade de adulto; não tentar substituí-lo em suas atividades e, muito menos, falar em lugar dele. A família deve provocar e criar condições tanto para atividades gerais do afásico em casa (já que se mantém afastado de seu trabalho profissional), quanto para atividades alternativas de trabalho (horta, criação de animais, trabalhos manuais, etc.).

A convivência com a família faz-se pela presença contínua ou periódica, nas sessões de acompanhamento, do acompanhante, que o estende aos outros membros da família; mais diretamente, em visitas à casa do afásico. Nesses contatos, eu tinha objetivos específicos: em parte, atender à integração e orientação da família na prática clínica, em parte favorecer a contextualização das situações dialógicas, ampliando o número de interlocutores e diversificando as condições interacionais em relação às que eram possíveis no hospital. Visava a fazer que o acompanhamento do afásico ultrapassasse o limite e as restrições das sessões semanais estendendo-se a sua vida.

Além das vantagens para a atividade lingüística do afásico, as visitas em casa permitiam avaliá-lo em um contexto mais amplo e diferenciado, mais abrangente do funcionamento geral de sua linguagem, nas ocasiões em que interagia com seus familiares e outras pessoas de sua relação. Foi assim que, em visita à casa de N, obtive informações complementares sobre o resultado, em ambiente familiar, da avaliação e das estratégias que vinha utilizando no hospital: observei, por exemplo, que, em casa, N se servia dos recursos alternativos que vinha desenvolvendo no acompanhamento terapêutico, ampliando sua condição de locutor; com isso, também seus familiares o reintegravam como interlocutor: já não havia os grandes silêncios da fase anterior, que levavam estes a se apropriarem dos turnos dialógicos de N.

Para citar um exemplo: N, nas situações de teste-padrão em que as expressões estão decontextualizadas, mostrava grandes dificuldades em nomear objetos, com escores praticamente nulos; quando, porém, em uma das visitas nos sentamos à mesa para almoçar, N teve facilidade em apresentar, um a um, os pratos que iríamos comer:

    (15) N. — Lazanha, frango, aqui salada, maionese, arroz.
    Fui eu que escolhi tudo.

De tarde, de novo à mesa, N fez questão que bebêssemos o leite que produzia em seu sítio. E entabulamos o diálogo:

    (16) N.   — Olha isto aqui (apontando). É do meu sítio.
    Vem de lá [...] Como é que chama?

INV. — É leite. Mas o senhor nem precisa dizer o nome. Todos nós já sabemos do que se trata. Do jeito que o senhor falou está bom.

N. — (Risos) Num lembrava como era o nome. Já sei. Entendi que vocês tão falando.

Nesse tipo de experiência, é mais fácil explicitar-lhe que não é porque não se lembra de um nome que vai deixar de falar; que outros fatores atuam com igual ou maior força na determinação da interpretação desejada de sua fala mesmo que fragmentária; que os recursos expressivos alternativos e mesmo os não verbais (como os gestos) fazem parte do processo de construção conjunta da significação por parte dele e de seus interlocutores; que, nesse processo, ele pode servir-se de elementos da situação, de turnos anteriores do diálogo, do conhecimento partilhado; que deve valer-se da mediação do outro, do ajuste recíproco e mesmo da negociação das pressuposições e do sentido. Ele pode entender que todos esses fatores, e não somente os verbais, constituem o exercício da linguagem e a sua própria constituição como sujeito. Certamente, a conjunção de todos esses fatores nessas situações distensas da vida cotidiana é facilitada e propicia as condições de reelaboração de suas dificuldades.

Esse é outro aspecto importante do trabalho com a família: a interferência positiva do enfrentamento e resolução de uma dificuldade lingüística muito mais problemática para o sujeito em outras condições. N também manipulava habitualmente mal a reversibilidade dos papéis na interlocução. Entretanto, durante o lanche da tarde, no intuito de descrever o que iríamos comer, conseguiu bastante eficácia, utilizando com precisão as expressões de tratamento (senhor/vocês) que normalmente tomava especularmente do turno do interlocutor. O mesmo se dava sempre que, em situações mais espontâneas, era N quem tomava a iniciativa dos episódios dialógicos (N = locutor) ou quando, em episódios narrativos, conta aquilo que lhe aconteceu.

Em resumo: o relacionamento com a família permite ao investigador conhecer melhor e mais amplamente o sujeito afásico e avaliar em diferentes condições suas dificuldades; as visitas a sua casa e o ambiente distenso nelas criado possibilitam uma integração da família na prática clínica e uma extensão dessa prática a ambientes mais propícios à interação: torna a família consciente de seu papel estruturante na reconstrução não somente da linguagem do afásico, mas das relações sociais e afetivas condicionantes da reconstituição do sujeito.

4.5. Fatos e atividades de interesse pessoal

Durante o tempo em que o sujeito está sendo acompanhado, aproveito sempre a ocorrência de certos fatos em sua vida, cuja importância faz com que se desencadeiem atividades discursivas e temas de conversação. Fico a par desses fatos e temas a partir do que o sujeito registra na agenda (como N o fez acerca de um incidente com a Eletropaulo em seu sítio), no caderno de atividades (em que P revelou um interesse pelo desenho e, por extensão, por exposições de pintura) e, enfim, a partir de relatos orais do sujeito ou de sua família (como ocorreu com o casamento da filha de L, sua aposentadoria; viagem de P a uma cidade do interior paulista para visitar sua família no natal, etc.). Além disso, ocorrem certos fatos, tanto da parte dos investigadores como da parte do sujeito que merecem ser apontados:

— viagem da Renata (outra investigadora) a um congresso na Argentina: os três sujeitos mostraram grande interesse em saber a que objetivos essa viagem servia, quando Renata retornaria, se enviara notícias;

— minha viagem a Bruxelas, que lhes despertou o mesmo interesse e em cujo período trocamos cartões postais que não somente serviram para a manutenção dos laços sociais (e mesmo afetivos) que se estabeleciam entre nós, mas propiciou ainda oportunidades para várias atividades com a outra investigadora;

— na volta de suas viagens os investigadores mostravam aos sujeitos fotos e cartões postais dos lugares por onde passaram, desenvolvendo-se uma atividade verbal espontânea, mais rica em virtude do interesse deles;

— livro (com dedicatória) que o sujeito N ofereceu aos investigadores por ocasião da visita destes a sua casa;

— cartões de boas festas que os sujeitos afásicos enviavam aos investigadores por ocasião das festas de natal;

— fotos dos três sujeitos com os investigadores que serviam de lembrança das atividades comuns;

— ida dos investigadores com os sujeitos a algumas sorveterias de Campinas (quatro vezes por ocasião do intenso verão de 1984 e 1985), ocasião em que se realizaram as sessões semanais em ambiente diferente do hospital e favorável ao desenvolvimento de diálogos espontâneos;

— ida dos investigadores ao casamento da filha de L, por convite e insistência dele ("Só entro na igreja se vir vocês lá!");

— ida de P ao trabalho da irmã para prestar pequenos serviços de datilografia;

— ida de N à festa de inauguração da Sociedade Italiana de sua cidade;

etc.

Pode parecer muito casuística essa enumeração de fatos corriqueiros, sem clara indicação de como se integram na prática clínica. Chamo a atenção para a importância desses fatos, representativos de muitos outros que seria enfadonho relatar, para a relação peculiar que quero estabelecer entre investigadores e sujeitos afásicos, sobretudo quanto ao fortalecimento do conhecimento mútuo e dos laços de afetividade que vão sendo constituídos. Estendo, na verdade, esta importância a um conjunto de fatores que participam, em diferentes proporções, da reconstituição do paciente como sujeito.

CAPÍTULO 6

As dificuldades lingüísticas do sujeito P

As situações que passo a analisar e a descrever correspondem a uma interação com o sujeito afásico P e a um acompanhamento longitudinal dessa interação e da atividade verbal nela produzida durante dois anos e quatro meses. O processo caracterizou-se pelo esforço de criar variadas situações dialógicas com o objetivo principal de estabelecer condições para a emergência de diálogos e narrativas espontâneos, sem a artificialidade dos testes-padrão e dos procedimentos terapêuticos que visam somente a suprir "faltas" evidenciadas nesses testes.

P, nascido em 02-12-1935, é brasileiro, funcionário público e solteiro. Em 30-10-81, P foi encaminhado ao Serviço de Neurologia e Neurocirurgia Dr. Nubor Facure, diagnosticado de aneurisma e submetido à cirurgia. Em março de 1982 começou a ser acompanhado por um fonoaudiólogo a quem se manteve ligado até dezembro de 1983. Em 14-12-82, apresentou novo episódio neurológico — Acidente Cerebral Vascular (AVC), diagnosticado pela arteriografia cerebral como rotura de aneurisma arterial (artéria cerebral média esquerda — ACM). O diagnóstico tomográfico revela área de enfarto cerebral temporoparieto-occipital esquerdo. P foi encaminhado a nosso serviço de avaliação de linguagem em 15-12-83 e acompanhado até hoje.

No acompanhamento anterior com o fonoaudiólogo, P foi submetido a testes-padrão e a exercícios de "recuperação" da linguagem que tiveram o resultado negativo de acostumá-lo a somente responder se estimulado pelas questões habituais nesses testes (repetição, denominação, completamento de frases, listagem de fonemas, sílabas e palavras, etc.).

É preciso considerar que, nessas circunstâncias, tive grandes dificuldades de constituir-me e fazer-me constituir por P como interlocutora no início dos trabalhos. A interação dialógica estava sempre restringida pela imagem estereotipada que P me atribuía: era sempre uma "investigadora", uma "aplicadora de testes", ou pior, alguém que lhe impunha exercícios verbais "escolarizados" ("O que é isto e aquilo?", "Qual é o nome disto ou daquilo?", "Dê uma lista de palavras assim ou assado", etc.), mesmo quando essa não fosse a minha prática. Isso explica em parte por que, em uma primeira etapa de nossa interação, a atividade dialógica tenha tomado como ponto de partida situações ainda bastante artificiais: questões descritivas sobre quadros, seqüência de quadros, fotos, etc. Por outro lado, nessa primeira etapa, foi-me possível ir levantando as dificuldades lingüísticas em situações simuladas de discurso, o que me seria impossível forçando de chofre uma conversação prejudicada não somente pelo estado clínico de P, mas por sua experiência terapêutica anterior.

Do ponto de vista dialógico, procedia de modo a orientar fragmentos iniciais de conversação na direção dada por P em seus turnos de diálogo, a fim de evidenciar seus problemas de construção lingüística; alterando pouco a pouco as condições dialógicas, levava P a reelaborar suas dificuldades na própria prática verbal. Tal reelaboração não é o resultado de uma atividade exclusiva do sujeito (como não o é o processo de aquisição da linguagem) mas de uma construção conjunta resultante da interação entre mim, outro investigador e ele. Além disso, em tal procedimento, fica claro que meu objetivo principal não era o de classificá-lo no quadro de uma tipologia de afasia mas o de fazer aparecerem os passos de um processo de reconstrução da linguagem; isto é, os passos intermediários que, uma vez ultrapassados, possibilitassem a P resoluções eficazes de suas dificuldades na produção de suas expressões. O melhor conhecimento desses passos me levava a construir novas situações em um processo evolutivo em dois sentidos: o da evolução de P e o da evolução dos procedimentos eurísticos e das estratégias empregadas por mim.

Vale a pena antecipar aqui, como um roteiro de leitura, as dificuldades lingüísticas de P sobre as quais vamos refletir:

a — Dificuldade de expressar o verbo, com a conseqüente dificuldade de estruturar as orações. No exame desse aspecto poderemos verificar as várias estratégias empregadas por P e os problemas teóricos e práticos para o acompanhamento de um sujeito afásico com essa dificuldade.

b — Dificuldade de relacionar os enunciados a uma situação ou estado de fato específico, ou seja, a de indiciar (mediante dêiticos) as coordenadas da situação discursiva para a interpretação referencial, temporal e espacial das expressões. Verificaremos isto na dificuldade de emprego das flexões verbais, dos dêiticos nominais (artigos, possessivos, demonstrativos) e mesmo de outros elementos delimitativos.

c — Uso, um pelo outro, de termos de um mesmo esquema ou "frame" semântico (mesmo "campo semântico") ou de um mesmo paradigma gramatical.

1. A dificuldade de P na estruturação da oração

Os exemplos de (17) foram obtidos na primeira fase de atividades com P; servi-me, como instrumento, de uma seqüência de quadros formando uma história. Num primeiro momento, pedi que P reproduzisse verbalmente a história figurada. Mas ele não o conseguiu. Em conseqüência disso, tentei estabelecer o diálogo mediante perguntas sobre algumas cenas em particular:

> (17) [14-06-84: quadro contendo várias cenas: menino ao lado de um toca-discos, empregada trazendo comida em uma sopeira, menina tocando piano.]

a) INV. — O que este menino está fazendo?
P. — Disco.

b) INV. — O que essa menina tá fazendo aqui?
P. — Piano.

c) INV. — O que essa empregada tá fazendo?
P. — Sopas.

Esse bloco de exemplos, do ponto de vista das condições dialógicas, tem características comuns tanto no que diz respeito à situação imediata, quanto em relação à pergunta do investigador e à resposta de P. De fato, o foco da questão do investigador incide sobre as ações praticadas pelas pessoas indicadas ("menino", "menina", "empregada"). O verbo "fazer" (em "está fazendo") em todas as questões é um pro-verbo, um substitutivo genérico de qualquer verbo de ação, que obriga o interlocutor, para manter a conversação, a responder pela expressão de uma ação, do mesmo modo que pronomes interrogativos como "quem", "o que", "onde", "quando", etc. (em perguntas como "quem vem vindo?", "o que caiu?", "onde ele está?", "quando ele vem?") faz esperar uma resposta pela indicação, respectivamente, da pessoa, coisa, lugar e tempo envolvidos.

Observe-se que a uma pergunta como as de (17) o interlocutor responderá geralmente mediante um predicado simples ou complexo expresso por um sintagma verbal, como em

(18) — O que o menino está fazendo?

a) — (O menino) (está) *correndo.*

b) — (O menino) (está) *ouvindo disco.*

c) — (O menino) (está) *ouvindo disco na vitrola.*

salvo no caso em que um nome seja precisamente o resultativo de "fazer" como em

(19) — O que o menino está fazendo?
— Desenhos./ Um buraco./ Uma casinha de brinquedo./ etc.

Evidentemente, não é o caso de (19), visto que "disco", "piano" e "sopas", na situação dada ou representada pelos quadrinhos, não são resultativos de "fazer": o menino não faz disco, a menina não faz piano, a empregada não faz sopas. P tem dificuldade em construir os predicados pelas expressões verbais correspondentes às questões ("ouvir disco", "tocar piano", "trazer a sopa" ou semelhantes). Ele responde pela simples indicação de um objeto presente na situação.

Seria uma evasão à pergunta? Ou simplesmente uma repetição canônica dos exercícios (já conhecidos por P), de "nomear"? Não parece. Devemos formular a hipótese de que P realmente está respondendo à questão, servindo-se para isso de um mecanismo compatível com os recursos lingüísticos que estão à sua disposição. De um modo até bem preciso, P consegue especificar a ação sobre a qual se questiona pelo pro-verbo genérico "fazer", de modo a ser corretamente interpretado por mim. É claro que o procedimento adotado aumenta a indeterminação da resposta e, conseqüentemente, depende muito mais em sua interpretação não de fatores exclusivamente lingüísticos (no sentido restrito de "verbais") mas de fatores co-textuais e contextuais, isto é, das condições dialógicas estabelecidas por mim, da imediata presença da representação figurativa, do turno anterior em que formulei a questão, etc. Mas o sucesso de P e a interpretação adequada dependem, também, do procedimento seletivo efetuado por P dentre os elementos lingüísticos possíveis.

Tenho que fazer um parêntesis para esclarecer de passagem as noções que vou utilizar para uma resposta mais precisa a essas questões. Por um lado, servir-me-ei de noções tradicionais de função sintática (sujeito, predicado, objeto direto, etc.) para as quais julgo desnecessárias maiores explicações. A estrutura sintática, porém, está correlacionada a um esquema relacional semântico, de caráter abstrato, que determina certas funções semânticas dos elementos nominais relacionados pelo verbo (tais como "agente", "paciente", "lugar", etc. da gramática tradicional). Essas funções correspondem às "funções semânticas" de Katz (1972) ou aos "casos" da gramática de casos (Fillmore, 1968, 1971) ou às "funções tamáticas" (Jackendoff, 1972) que a gramática gerativa incorporou à representação semântica.

De um modo geral (sem abranger aqui extensões que vêm sendo propostas em várias tendências, como, por exemplo, em Franchi, 1975), entende-se que o predicado, expresso pelo verbo, relacionando entre si os diferentes elementos da oração, atribui-lhes diferentes papéis — funções semânticas ou casos — na proposição. Trago, abaixo, a definição de algumas dessas funções, as de que me servirei na análise, na versão de Fillmore (1968, 1971).

— *Agentivo*: o caso do elemento tipicamente animado, percebido como o responsável pela ação expressa pelo verbo (e que normalmente ocupa a posição de sujeito quando explícito na oração):

(20) a) O *guarda* abriu a porta;

b) A porta foi aberta *pelo guarda.*

— *Experienciador*: o caso do elemento tipicamente animado que experiencia um processo ou evento psicológico, um estado mental, ou assume uma atitude em relação a processos, eventos ou objetos, como "o garoto" em

(21) a) O grito assustou *o garoto;*

b) *O garoto* não gosta desse prato sofisticado;

c) *O garoto* viu a cena da janela.

— *Beneficiário*: o caso do elemento tipicamente animado interessado na ação ou processo ou por eles afetado, como "namorada" em

(22) a) O garoto deu a rosa *à namorada;*

b) *A namorada* recebeu a rosa com prazer.

— *Objeto ou Objetivo*: o caso mais neutro semanticamente, representado pelo termo que expressa a coisa modificada, movida pela ação ou, ainda, a que assume um determinado estado ou está envolvida em um processo não ativo. O objetivo, chamado *tema* por Gruber e Jackendoff, é a função que mais fortemente caracteriza o sentido expresso pelo verbo e se considera a função indispensável quando as outras faltam ou ficam implícitas. Exemplos:

(23) a) O guarda abriu *a porta* com a chave;

b) A chave abriu *a porta;*

c) *A porta* abriu(-se).

(24) a) *O pote* está quebrado;
b) *O pote* rolou escada abaixo;
c) O garoto tirou *o pote* de cima da mesa.

— *Instrumento*: o caso dos elementos que expressam objetos ou "forças" que servem à ação do agentivo para a obtenção do resultado; a expressão dos instrumentos que medeiam a ação expressa pelo verbo. É o caso de "chave" nas orações (23a) e (23b).

— *Locativo* e *temporal*: o elemento que indica, respectivamente, o lugar e o tempo em que se realiza a ação ou se dá o processo ou estado expressos pelo verbo, como "casa" e "dia dez" em

(25) a) Fiz o exercício *na casa do colega;*
b) Realizou-se uma bela festa *em casa;*
c) Estou melhor *em casa.*

(26) a) Fiz o exercício *dia dez;*
b) Realizou-se uma bela festa em casa *no dia dez;*
c) Estarei, *dia dez,* em casa.

Definem-se, ainda, outros casos semânticos (como meta ou "goal", fonte, força, causa, etc.) mediante os mesmos processos intuitivos. Não pretendo justificar aqui a lista ou as definições de tais casos, que têm sido objeto de contínuas discussões e revisões na gramática de casos. Tais como estão eles, servirão a meus propósitos. Vale a pena somente acrescentar algumas observações. Uma primeira: as funções semânticas, determinadas por um verbo, caracterizam em parte o seu sentido. De fato, saber o que um verbo significa corresponde ao mesmo tempo a saber que funções semânticas ele estabelece com os elementos da oração. Uma segunda: o verbo é considerado o centro da oração ou, como diria Benveniste (1950), o relator responsável pela coesão e organização da oração; em outros termos, o verbo projeta sobre a oração o esquema relacional abstrato que expressa. Uma terceira: como se pode observar, nos exemplos oferecidos, não há uma relação direta entre as funções semânticas e as funções sintáticas. Com essas informações sumárias, posso voltar às questões relativas a P que me interessavam.

Em primeiro lugar, deve-se considerar o fato de que a seleção de um termo ou outro em sua categoria restringe grandemente as possibilidades de "identificação" do verbo não expresso, orientando a interpretação. Suponha, por exemplo, que ao invés de "disco" e "piano" P tivesse respondido por "agulha" e "banco":

(27) a) — O que o menino tá fazendo?
— Agulha.

b) — O que o menino tá fazendo?
— Banco.

Dadas as condições dialógicas estabelecidas, a interpretação seria orientada diferentemente: em vez de "ouvir/tocar disco", poderia pensar-se em "colocar/limpar/tirar a agulha"; "sentar no banco", em vez de "tocar/sentar-se (ao) piano". Evidentemente, outras interpretações seriam excluídas pelo contexto, como "quebrar o disco" ou "carregar o piano".

Em segundo lugar, observe-se o uso na resposta do termo que desempenharia a função sintática de objeto direto e a função semântica de objetivo ou tema, facilitando o processo expressivo e interpretativo. De fato, os complementos verbais e particularmente o objeto direto é um argumento interno do sintagma verbal e serve, melhor que o sujeito, para especificar a ação. Em muitos sintagmas verbais é justamente o termo-objeto o único responsável por essa especificação do conteúdo semântico do processo ou ação expressos. É o caso de "fazer *a cama*", "ter *medo*", "estabelecer *um contrato*", etc. Por outro lado, das funções semânticas associadas aos verbos, a função de objetivo ou tema é mais característica e, normalmente, a mais específica e mais dependente do sentido do verbo. P, portanto, seleciona com muita eficácia (sempre considerando o papel do contexto na determinação da interpretação) dentre os inúmeros "objetos" possíveis aquele que melhor serve ao processo de especificação da ação a ser "inferida" pelo interlocutor. Não se trata, pois, de uma escolha aleatória, mas de uma expressão naturalmente significativa no sentido de que ela manifesta a intenção informativa de P e é bem-sucedida em fazer que seu interlocutor se aperceba dessa intenção.

O que se observa é que, dada sua dificuldade em expressar o verbo, busca especificar a ação por um de seus argumentos e, nos episódios já analisados, pelo elemento que desempenha no esquema a função de objetivo.

Nem sempre, porém, a escolha do nome, utilizado para especificar a ação que normalmente vem expressa pelo verbo, recai sobre o possível objeto direto, ou melhor, sobre o elemento que desempenha no processo a função semântica de objetivo. Em determinadas situações trata-se do instrumento, como em:

(28) [14-06-84: quadro — da seqüência referida em (17) — representando a cena de um menino brincando com um trenzinho.]
INV. — O que este menino tá fazendo?
P. — Trem, né?

(29) [24-05-84: foto de um homem cavalgando em um burro, de um livro que P está folheando.]
INV. — O que esse homem tá fazendo?
P. — Burros.

(30) [24-05-84: foto de uma moça telefonando.]
INV. — Tá fazendo o quê, essa moça?
P. — Telefone.

ou mesmo um locativo:

(31) [24-05-84: foto de pessoas fazendo compras em uma galeria, onde estão expostos muitos biquínis e bolsas.]
INV. — O que estas pessoas estão fazendo?
P. — Lojas.

mas, mesmo nesses casos, pode-se verificar que P faz escolhas mais ou menos ajustadas dos elementos especificadores da ação cobrada como resposta. De fato, "telefone" estreita (e mesmo singulariza no contexto) a interpretação da ação a "aquilo que se faz com o telefone". Do mesmo modo, a referência a qualquer dos objetos existentes na loja — biquíni, bolsa, tecido — não especificaria melhor a ação em (31) do que "lojas" (o que é que normalmente se faz em uma loja?).

Nas situações dialógicas que estamos estudando, P jamais escolhe o termo entre os agentivos, que ocupam prototipicamente a posição de sujeito na expressão de ações. Por exemplo, não há nada parecido com uma resposta hipotética como

(32) [Suponha o quadro do exemplo anterior.]
— O que estas pessoas estão fazendo?
— Homens. Mulheres.

e a razão parece ser, coerentemente, o fato de que de um modo geral o agentivo (sujeito eventual) não contribui, como as outras funções semânticas (complementos verbais eventuais), para especificar o tipo de ação envolvida no processo. Ao contrário do sujeito, de fato, os complementos internos ao sintagma verbal, em casos de línguas como o português, freqüentemente se incorporam ao verbo na expressão característica da ação. A não escolha de termos explicitando o agentivo se situa no mesmo quadro da hipótese que assumi: a de que não se trata de uma escolha casual de um ou outro termo de objetos presentes na situação, um desentendimento ou desvio da questão, mas do uso intencional de um recurso expressivo de que se serve o afásico P.

Um argumento a mais vem reforçar essa hipótese. Trata-se do fato de que, em várias respostas, P se serve de "nominalizações" da ação em vez de nomes de participantes ou objetos da ação. Colocamos, por cautela, aspas na palavra "nominalização", tendo em vista que não se dispõe de uma estrutura oracional que permita assegurar que se trata efetivamente de uma nominalização, tal como acontece em construções em que um processo, uma ação ou relação e mesmo toda uma proposição é tomada como argumento (sujeito, objeto,...) de um outro verbo ("*A fuga do prisioneiro* ocorreu ontem"). O que podemos dizer é que a expressão utilizada por P não corresponde morfologicamente a uma forma verbal (faltam-lhe as flexões verbais) e mais se aproxima de uma forma nominal pelo freqüente aparecimento de uma terminação "s", sobre que voltarei mais tarde. Compare os exemplos abaixo:

(33) [24-05-84: foto, observada curiosamente em um livro, de homens jogando futebol.]
INV. — O que eles fazem aí?
P. — Jogas.

(34) [24-05-84: foto de um homem montando um cavalo e saltando obstáculos.]
P. — Homens. (Iniciativa de P.)
INV. — O que ele (mostrando o cavalo) está fazendo?
P. — Pulas. Cavalos.

(35) [24-05-84: foto de um homem cortando uma planta com um instrumento parecido com uma tesoura.]
INV. — O que esse homem tá fazendo?
P. — Tisora... tisora. Cortes... cortes.

Os exemplos (34) e (35) são ainda mais relevantes para minha argumentação. De fato, em (34), depois de responder por uma nominalização — "pulas", semelhante a "jogas" de (33) — P retorna ao procedimento anteriormente descrito explicitando um outro participante da ação ("cavalos"); o aparecimento de "pulas" talvez se deva justamente ao fato de que tanto "homens" (referido por iniciativa de P) quanto "cavalo", podendo ser interpretados como agentivos de "pular", pouco esclarecem a respeito da ação específica esperada como resposta [compare com o exemplo (29) em que "burros" sugere a ação de montar e não pular]. No caso de (35), a repetição nos mostra um processo epilingüístico de avaliação da escolha ("tisora... tisora") que as nominalizações subseqüentes esclarecem ("cortes... cortes").

Antes de fechar este parágrafo, estudemos um exemplo mais extenso e muito significativo para os problemas levantados anteriormente:

(36) a) [14-06-84: investigador e P observam a foto de um casal, jantando à luz suave de um lampião, em um clima muito especial.]

　　　INV. — O que estão fazendo?

　　　P. — Homem, mulher, lâmpada.

　　b) [O investigador mostra em seguida outra foto do mesmo casal abraçando-se.]

　　　INV. — O que eles estão fazendo?

　　　P. — Parabéns. Parabéns não é não. Os dois meio namoro.

　　c) INV. — São os mesmos?

　　　P. — Não.

　　　INV. — Não?

　　　P. — É sim! os brincos os dois (mostrando o mesmo brinco da mulher nas duas fotos).

A resposta dada em (36a) parece não corresponder à questão, sobretudo como podendo ser interpretada pela expressão da ação esperada. De fato, P enumera os participantes (agentivos eventuais na perspectiva do processo — "estar jantando") e por um aspecto característico do ambiente ("lâmpada"). É interessante notar que, na foto, a lâmpada em luz suave como de vela introduz, para a expectativa de P nessa situação, um elemento de "estranhamento" que caracteriza o ambiente especial da cena. A resposta pode ser interpretada em termos da noção de perspectiva de Fillmore (1977) tomada em sentido mais amplo. Fillmore lembra que uma mesma ação, processo ou evento podem ser reconstruídos a partir de diferentes pontos de vista ou perspectivas (a partir do agente, do objetivo, do instrumento, do lugar, etc.). Independentemente da questão que instaurava a perspectiva do ponto de vista do agentivo e sua ação, as condições da foto levam P a situar-se em outra posição para descrever a situação "à luz suave da lâmpada". Mas, quando apresentei outra foto (36b) e insisti na questão ("o que eles estão fazendo?"), P responde mais diretamente a ela.

Observem, inicialmente, que em (36b) se trata de um caso de reciprocidade (um abraçando o outro) em que os agentivos se confundem com os objetivos da ação. P já não dispõe, portanto, do recurso à indicação do objetivo para especificar a ação. Mas resolve seu problema muito bem, servindo-se do nome que pode especificá-la em uma outra forma de construção — "Parabéns" (a partir de qualquer coisa como "eles estão dando *parabéns* um ao outro"). A correção subseqüente não se refere já à escolha verbal (como em outros casos que veremos melhor de uma atividade corretiva epilingüística) mas à interpretação da situação — "Parabéns não". E a nova resposta é um exemplo primoroso de solução, por parte de P, de sua necessidade de expressar a ação, dispensando-se de uma forma verbal: "os dois meio namoro". "Os dois" retoma anaforicamente os agentivos (homem e mulher) para a expressão da reciprocidade; uma forma nominalizada — "namoro" — expressa a ação à falta de outros objetos ou participantes especificadores; "meio" ("meio namoro") modaliza a afirmação (com duas interpretações possíveis: também *pode ser que namorem,* em seqüência à dúvida na interpretação da situação da foto ou um *como se estivessem namorando*); observe-se que a modalização, em português, é normalmente associada à forma verbal.

Finalmente, a questão se desloca em (36c): o foco já não é uma ação mas a identificação das figuras nas duas fotos. Outra vez a resposta evita uma forma verbal ("são/ parecem/ acho que são os mesmos") e seleciona um objeto tomado como critério para a identificação — "os brincos os dois", do mesmo modo que no caso das relações expressas pelos verbos de ação.

Aspectos desses exemplos, o sucesso ou felicidade na comunicação das construções "fragmentárias" de P, a seleção que faz dos recursos expressivos, o uso de nominalizações alternando com respostas exclusivamente nominais se unem a outros indícios que mostram:

— problemas em estruturar as orações por dificuldade de expressar, mediante um verbo, a ação ou o processo e, pois, as relações entre os participantes e objetos nessa ação ou processo;

— o desenvolvimento, por parte de P, de uma estratégia própria para obviar a essa dificuldade: a explicitação de um desses participantes ou objetos que seja específico da ação esperada como resposta;

— a caracterização desse recurso expressivo como significante e bem-sucedido: expressa (no co-texto e contexto) a intenção de P de modo a possibilitar uma interpretação adequada por parte do interlocutor.

2. A mesma dificuldade em situações mais complexas

Uma preocupação contínua que tive durante o processo foi a de conhecer como P estrutura suas expressões, consciente de certo modo das limitações que lhe são impostas. Em outros termos, que hipóteses faz a respeito de *sua* língua e como se serve dela em situações efetivas de diálogo. Essa preocupação levou-me a modificar o jogo dialógico para verificar o que aconteceria se trabalhássemos com fotos de situações mais complexas (envolvendo mais participantes e objetos) e eu propusesse questões diferenciadas, fazendo incidir, por exemplo, seu foco não sobre as ações mas sobre os processos envolvidos. Vou aos exemplos:

(37) [14-06-84: investigador e P observam uma figura em que há várias ações e participantes: um homem lendo jornal e fumando charuto; um outro lendo um livro; uma menina brincando com uma boneca. P tenta sem sucesso descrever a cena, o que leva o investigador às perguntas.]

INV. — O que está *acontecendo* aqui?
P. — Homens, homens, homens [...] Como é que chama? Saco viu! Meninos, meninas, menina. [...]. Livros, livro, jarutos, jarutos.
[...]. Livros, livro, jarutos, jarutos.
INV. — Charuto.
P. — Charuto.

(38) [24-05-84: P, sem perguntas do investigador, procura descrever situações e narrar as histórias figuradas em uma seqüência de quadros.]

a) [1.º quadro: homem em um quarto de dormir, na cama, espreguiçando-se. Há inúmeros objetos.]
P. — Relógio, abajur, cama, travesseiro, água [...] O homem está... Como é que chama?

b) [2.º quadro: homem no banheiro, cantando, com a torneira aberta na pia para lavar-se, escovar os dentes ou barbear-se.]
INV. — Onde ele está?
P. — No banheiro.

c) [3.º quadro: Café da manhã; mulher trazendo leite, café, pão; xícara em cima da mesa; homem sentado lendo um jornal.]
P. — Café, leite, jornal, pão. Tá aqui (mostrando esses objetos).

d) [4.º quadro: homem despedindo-se das crianças e saindo de casa. P aponta o relógio na figura, marcando 7:30 e olha para o quadro seguinte.]

e) [5.º quadro: homem em seu escritório, ao telefone; no quadro, dois relógios marcando 8:00 e 12:00 horas.]
P. — Agora trabalhar. [...] Meio dia [...] (Apontando o charuto aceso no cinzeiro) Fumar, telefone. Meio dia ...

f) [6.º quadro: homem sentado em um restaurante, comendo; garçom servindo bebida. Há um relógio marcando 12:10. O investigador faz um gesto com a mão aberta indicando o número 5 e, em seguida, 10, observando o relógio.]
P. — Meio dia e dez.
INV. — Onde ele está?
P. — (Apontando a figura do 6.º quadro:) Guaraná e almoço, homem e garçom.

g) [7.º quadro: Homem chegando em casa e cumprimentando os filhos; mulher em pé com o cachorro a seu lado. Relógio marcando 18:15.]
INV. — E agora, que horas são?

P. — Uma, duas, três, quatro, cinco, seis, sete [...] Uma, duas, ...

INV. — Qu-... (*Prompting* para introduzir "quinze")

P. — Seis e quinze.

INV. — E agora?

P. — Mulher, homem, criança e cachorro estão agora [...] (desiste e passa para o 8.º quadro)

h) [8.º quadro: homem e mulher assistindo a um filme de cowboy na televisão, sentados em um sofá.]

P. — Televisão, bandidos [...] homem e mulher.

[O termo "prompting" refere-se à estratégia oral do investigador pela qual fornece uma ou mais sílabas iniciais (ou mesmo um movimento articulatório inicial) da palavra cuja produção pelo afásico lhe é difícil.]

Nos exemplos (37) e (38) modificam-se as condições dialógicas. Ao contrário dos exemplos anteriores onde [com uma exceção em (36c)] o foco da questão é sempre a ação envolvida na situação, têm-se:

— ou uma questão incidindo sobre o processo ["O que está acontecendo aqui?" em (37)];

— ou meras questões fáticas que estimulam à continuidade discursiva ["E agora?" em (38g), a que equiparo a questão "Onde ele está?" em (38b)];

— questões sobre as horas, que considero irrelevantes aos propósitos deste parágrafo;

— ou ainda nenhuma questão, deixando o investigador a iniciativa da descrição do quadro a P.

As respostas de P mostram uma dificuldade bem maior de solucionar o seu problema de linguagem. Em primeiro lugar, minhas questões já não incluem o agentivo da ação, foco das questões anteriores ["o que *esse homem/ essas pessoas/ o menino*, etc., está (ão) fazendo?"]. Isso deixa em aberto um número maior de participantes e objetos à seleção, diferentes funções semânticas utilizáveis e diferentes perspectivas possíveis para a construção da expressão. Quando o ponto de partida da construção (na perspectiva instaurada) é o agentivo, P encontra sérias dificuldades em progredir: é como se buscasse reconstruir a estrutura oracional formada pelos constituintes básicos nome-agentivo/verbo de ação, mas enrosca no obstáculo de expressar a forma verbal. Revejam em (37) e em (38a), ou mesmo em (38g):

(39) a) — Homens, homens, homens [...] Como é que chama? Saco viu!

b) — (Depois de uma enumeração de objetos) O homem está [...] Como é que chama?

c) — Mulher, homem, criança e cachorro estão agora [...] (desiste e passa para o 8.º quadro).

Observe-se que em (39c) está envolvida outra vez uma questão de reciprocidade — cumprimentar-se, encontrar-se — o que não permite a P (por falta de um objetivo característico diferenciado dos agentivos) evitar o verbo ou uma nominalização como no exemplo (36b) do parágrafo anterior.

Em segundo lugar, quando consegue ultrapassar esse obstáculo e retomar o procedimento anterior de especificar a relação entre os participantes e objetos mediante a simples justaposição de seus nomes, não consegue associá-los em pares correspondentes a essas relações. Assim, seria de esperar em (37), dadas as situações figuradas no quadro, que P pudesse construir pares como: homem/jornal; homem/livro; menina/boneca; homem/jaruto. Mas, ao contrário, coloca de um lado os agentivos e de outro os objetos envolvidos em ações como "ler", "fumar", "brincar":

(40) — Homens, homens, homens [...] (...) meninos, meninas, menina. Livros, livro [...] jarutos, jarutos.

Enfim, parece mesmo haver evidências a favor de uma hipótese de que, nessas situações dialógicas mais complexas, P simplesmente enumera objetos percebidos, sem estabelecer entre eles quaisquer relações: em outros termos, à dificuldade de construção estrutural da oração se acrescentariam outras: a de uma certa incapacidade de relacionar participantes e objetos entre si, atribuindo-lhes papéis descritivos adequados, e a de praticar atos discursivos significativos representando essas situações complexas, reduzindo-os a mera etiquetagem de objetos. Releiam (38b):

(41) — Café, leite, jornal, pão. Tá aqui (mostrando com um gesto os objetos).

De fato, a expressão "tá aqui" e o gesto meramente demonstrativo (diferente de gestos representativos a que me referirei mais tarde) confirmam, neste caso, uma atitude lingüística de simples ostensão e rotulagem. Mas essa hipótese não se confirma se analisamos mais detidamente o conjunto dos exemplos em (37) e (38). Queremos manter a hipótese anterior de que

— P percebe e analisa adequadamente a situação figurada;

— P tem consciência, nessa análise, das relações estabelecidas entre os elementos (ações e processos em que se envolvem) bem como lhes atribui convenientemente seus papéis na situação;

— P quer, tem efetivamente a intenção de representar lingüísticamente sua experiência;

— P esbarra na situação discursiva: faltam-lhe recursos expressivos adequados para a manifestação dessa intenção, ao contrário dos casos mais simples do parágrafo anterior;

— isso não impede P de tentar essa manifestação com os recursos de que dispõe, na fala efetiva, embora com menor sucesso.

Um primeiro argumento a favor dessa hipótese está justamente na utilização em casos como os trazidos em (39) de expressões que claramente manifestam sua intenção significativa e a frustração (por falta de "palavras") dessa intenção: "como é que chama?", "Saco viu!", "o homem está...". Essas expressões anunciam uma forte tensão provocada pela dificuldade de prosseguir e estruturar a oração (cf. pp. 78-79).

Um segundo argumento está no fato de que, embora aparentemente enumere sem critérios os participantes e os objetos em cena, na verdade ele os ordena sempre segundo os papéis específicos que nela desempenham: agentivos/objetivos (ou outros papéis); objetivos (ou outros papéis)/ agentivos. Um exemplo disso é (40). Outros: (38a), (38f) e (38h):

(42) a) — Relógio, abajur, cama, travesseiro, (água) [...] / O homem está [...] Como é que chama?

b) — (Diante da insistência do investigador para que descreva a cena do restaurante:) Guaraná e almoço [...] / homem e garçom.

c) — (Na cena da televisão:) televisão, bandidos,/ homem e mulher.

Note-se além disso a nominalização em "almoço". Observe-se ainda que "bandidos" não pode ser interpretado como agentivo: trata-se daquilo a que assistem o homem e a mulher.

Um terceiro argumento nos é dado pela utilização por parte de P de não somente nominalizações (como "almoço" acima) mas, ainda, de alguns verbos no infinitivo (uma forma "nominal") como em (38e):

(43) — Agora trabalhar. (.....) Fumar, telefone.

Enfim, o fato de que a resposta é inteiramente adequada quando não se exige de P a utilização de uma forma verbal como no caso de (38b):

(44) — Onde ele está?
— No banheiro.

Não podemos terminar a análise desses exemplos sem fazer algumas observações importantes que têm a ver diretamente com a maior dificuldade de P em seu desempenho e envolvem aspectos discursivos. No tipo de situação dialógica estabelecida, sobretudo no caso do exemplo (38), P é quem deve tomar, em vários casos, a iniciativa da conversa ou, melhor, da descrição das situações. Isso retira de P o apoio indispensável, em sua atividade de reconstrução da linguagem, da interação com o interlocutor: de fato, sua relação é mais com as situações figuradas nos quadrinhos, suficientemente artificial e assimétrica para dificultar a constituição do ouvinte (eu) como interlocutor. Relembro as várias passagens em que estabeleci um paralelo (de um certo ponto de vista) entre esse processo de reconstrução e a aquisição da linguagem. Ora, como bem observou De Lemos, a construção da linguagem não é um processo subjetivo e individual: depende da interação com o adulto como um fator constitutivo, de sua constituição como interlocutor e do estabelecimento de um processo reversível de papéis (de falante e de ouvinte) nessa interação. O mesmo, consideradas as diferenças óbvias, se pode dizer do processo de reconstrução da linguagem do afásico: deve ser um processo conjunto com o interlocutor. O que agrava a situação de P é que, além das dificuldades próprias a seu estado, ele deve superar os aspectos negativos de uma situação anterior em que o fonoaudiólogo que dele tratava (sic) nunca deixou de ser um "professor". O tipo de atividade proposta nos exemplos analisados contribui bastante para um regresso a essa situação, o que deve explicar casos como o de (41) em que P parece mais estar rotulando objetos aleatoriamente, numa espécie de volta a procedimentos de "nomear" ("O que é isto?", "Como se chama isto?").

Um sintoma dessa atitude está no uso que P faz, de vez em quando, de um "agora". Aparentemente é um dêitico que remete à coordenada pessoa/tempo da situação discursiva (o que seria um grande avanço dada a incapacidade de P de servir-se de elementos dêiticos e delimitativos (cf. pp. 50-51). Mas na verdade esse "dêitico" remete à própria seriação das várias atividades descritivas, que passam de quadro a quadro: "agora" — quer dizer — neste passo, neste outro quadro (o que certamente é reforçado pelo meu uso de "agora" como operador discursivo que garante a continuidade da conversa). P se situa na situação discursiva não como quem deve comunicar ou expressar percepções e experiências próprias, mas como quem se submete a um exercício de "recuperação", quase-escolar, com sucessivos (e maçantes) passos.

Observem, para comparação, como P se comporta nas únicas manifestações mais espontâneas que surgem nas situações dos exemplos (37) e (38). São aquelas em que P deixa a descrição dos quadros e se refere a si próprio e aos problemas de linguagem em que se encontra: "Como se chama?", "Saco viu!". Mas nelas ele utiliza muito convenientemente e expressivamente as formas verbais, e formas verbais flexionadas ("chama", "viu", "está/estão"), ao contrário dos nomes, nominalizações e infinitivos habituais em seu desempenho nas atividades artificiais.

O leitor atento terá observado muitos outros aspectos a discutir nos exemplos deste e do parágrafo anterior. Por razões de exposição, espero voltar a esses aspectos em outros pontos deste trabalho.

3. Estratégias do investigador na construção do diálogo

Nos parágrafos anteriores identifiquei alguns modos alternativos de P especificar a relação semântica expressa por um verbo, e observei que a escolha da alternativa depende em grande parte do modo pelo qual se constrói a situação dialógica. Quando o investigador explicita o agentivo e faz incidir o foco de sua questão sobre a ação que pratica, P especifica a ação, de um modo generalíssimo, por um dos argumentos do verbo que lhe serviriam de complemento: o objetivo, o instrumento, o lugar. Quando o investigador faz uma questão mais aberta sobre o processo ("o que está acontecendo") ou convida P a descrever um quadro com cenas complexas, suas dificuldades aumentam mas, também de um modo geral, P consegue sucesso relativo com a enunciação dos participantes e objetos ou circunstâncias da ação, separando agentivos de outras funções semânticas. Em diversas oportunidades, entretanto, P se serve de verbos, embora no infinitivo (sem as flexões de pessoa, tempo, modo e aspecto que caracterizam seu emprego na oração).

Antes de passar à descrição de outras dificuldades lingüísticas de P, deixem-me falar um pouco dos procedimentos que adotei diante dessas constatações. Dada a correlação entre o tipo de resposta ou mesmo o silêncio de P e a forma pela qual eu mesma organizava meu turno, passei a explorar essa correlação orientando o diálogo para tentar, desse modo, levá-lo a reelaborar sua dificuldade. Um primeiro procedimento era o de simplesmente manifestar, pela insistência na questão, a necessidade dessa reelaboração. Retomemos o exemplo (31), em sua forma dialogal mais completa:

(45) [14-06-84: foto de pessoas fazendo compras em uma galeria, com vários objetos expostos, biquínis, bolsas, etc.]

INV. — O que estas pessoas estão fazendo?
P. — Lojas.
INV. — O que *tão fazendo* essas pessoas?
P. — Vitrinea [...], bolsa, biquíni.

Como se observa, a mera insistência na pergunta, incidindo sobre a ação (o acento frásico reforça a indicação do foco) é suficiente para levar P a experimentar outros recursos expressivos: passa do locativo "lojas", que a reiteração da pergunta sugere inadequado, para a indicação de objetos que ele supõe mais especificadores da ação. A hipótese dessa reelaboração consciente poderia ser objetada: não se trataria de uma simples "correção", por tentativas, de uma atividade de nomear sem que P se dê conta do foco da questão e de sua dificuldade? A análise dos exemplos mostrará que não.

(46) [19-07-84: foto de dois homens em um barco, remando.]

a) INV. — E aqui, o que eles estão fazendo?
P. — Rios, rios.
INV. — O que estes homens estão fazendo?
P. — Mudar, mudar [...] Não é mudar, meu Deus!

b) INV. — Como chama isso? (Mostrando o remo.)
P. — Isso, aqui? (Mostrando o barco.)
INV. — Não, esse pau. (Mostrando o remo.)
P. — [...]
INV. — Re... (Prompting para "remo".)
P. — Re.
INV. — Rem... (Expandindo o *prompting*.)
P. — Remar, remar.

c) INV. — Isso aqui, como é que chama? (Mostrando o remo.)
P. — Remar.
INV. — Remo.
P. — Remo.

P começa por especificar a ação pela expressão de um locativo ("rios"); minha insistência o leva imediatamente à busca de uma alternativa. Isso não se faz sem um aumento da tensão: busca e expressa uma forma verbal ("mudar"), o que indica ter ele compreendido perfeitamente o foco da questão; mais que isso, sabe que não obteve sucesso ("não é mudar, meu Deus!"). O interessante é notar que eu mesma não me apercebi do grau de adequação da resposta (no que diz respeito à forma verbal): habituada com as respostas de P via objetivo, lugar, instrumento, esperava que me oferecesse primeiro essa alternativa; por exemplo, o instrumento — "remo". Em virtude desse equívoco de estratégia, formulei inadequadamente a questão em (b), mudando o foco da questão e passando a um nível metalingüístico: "como é que chama isso?". Essa quebra de orientação dos turnos anteriores do diálogo aumenta as dificuldades de P; de pouco serviu minha insistência na questão e mesmo o primeiro prompting. Na verdade, P mostra sua estranheza simplesmente repetindo o prompting ("re"). Mas ao segundo prompting para "remo" ele completa o episódio dialógico de (a), passando diretamente à forma verbal que procurava: "remar", mostrando a desnecessidade de minha tentativa de fazê-lo passar previamente pelo instrumento.

Diante dos passos desse exemplo e das manifestações explícitas de P, podemos reconhecer um nítido percurso epilingüístico de reelaboração por P de sua própria dificuldade. Mais: temos indicações fortíssimas de que P entendeu muito bem minha questão e apreendeu do mesmo modo a intenção de fazê-lo chegar à forma verbal em foco desde o princípio, tanto que dispensa o passo intermediário que lhe propus equivocadamente: não se serviu do prompting para responder à minha segunda questão mas para a resolução da dificuldade inicial em que se colocara.

Essa análise sobre um só exemplo poderia ainda parecer pouco convincente (porque sempre implica o reconhecimento de intenções de P). Vale passar a outro exemplo, ainda mais significativo, dado que possibilita uma discussão das estratégias discursivas envolvidas e processos dialógicos mais complexos na busca de recursos alternativos por parte de P:

(47) [19-08-84: foto de uma paisagem tipicamente turística: um castelo no fundo e algumas pessoas passeando em um barco próprio para passeio turístico.]

a) INV. — O que estas pessoas estão fazendo?
P. — [...]
INV. — Pa... (Prompting para "passear".)
P. — Ahnn?
INV. — Di... Diver... (Prompting para "divertir".)
P. — Ahnn? [...] Como é que chama, meu Deus?

b) INV. — O que elas estão fazendo?
P. — Castelo, navio. Homens, mulheres.
INV. — E o que eles estão *fazendo*?
P. — Divertir, passear, né?

Outra vez é bom começar pela indicação de meus equívocos: os dois promptings oferecidos foram precipitados. Eles não foram precedidos de um processo epilingüístico satisfatório para fazer surgir a palavra quando estivesse já "na ponta da língua" de P. Daí sua manifestação de estranheza: "Ahnn?". Supus que se tratava somente de uma escolha de um termo mais ajustado à situação trocando "passear" por "divertir": o espanto se repete com um agravamento da tensão. Dando-me conta disso, decidi insistir na pergunta inicial para verificar: a) P não se teria aproveitado dos dois promptings porque processava de outro modo a significação e não eram pistas dessa natureza as de que precisava? b) a expressão da situação em seus participantes e objetos seria um processo intermediário facilitador?

A insistência na pergunta leva P a uma alternativa que já conhecemos nas respostas a situações complexas: ordena de um lado nomes de objetos — no caso dois locativos ("castelo, navio") —, fazendo-os seguir pelos agentivos ("homens, mulheres"). Quando insisto novamente, P consegue a resolução parcial de sua dificuldade, utilizando a forma verbal ("divertir, passear") mas outra vez mostrando como todo o diálogo manifesta o processo epilingüístico de reelaboração por que passa: observem que não é qualquer forma verbal adequada que oferece, mas justamente aquelas que expandem os dois promptings da primeira parte do diálogo incorporados nesse processo. É como se fosse um reencontro óbvio: "divertir, passear, *né?*".

Nos dois exemplos acima, pudemos observar também o papel do prompting no processo de resolução dos problemas lingüísticos de P. Uma das funções do prompting é a de evitar silêncios prolongados que possam levar a uma ruptura das condições discursivas. No caso do exemplo (47), os promptings iniciais ("pa..." — para passear e "di...diver..." — para divertir), embora malsucedidos, não deixaram de ter uma função importante; manter as expectativas dialógicas. A própria manifestação de estranheza de P ("Ahnn?") é evidência da tomada por P de seu próprio turno, provocando o prosseguimento do diálogo por parte do investigador. É claro, porém, que o papel do prompting é mais importante quando o sujeito o incorpora para a resolução de uma dificuldade. Nessas situações, o sucesso da estratégia depende muito da sensibilidade do interlocutor para fornecê-lo no momento certo, de modo correspondente às necessidades do sujeito, e na extensão suficiente para a sua incorporação pelo sujeito.

Uma outra estratégia utilizada para levar P à expressão de uma forma verbal foi também montada sobre as observações sistemáticas que fizemos sobre os recursos alternativos utilizados por ele na resolução dessa dificuldade. O que aconteceria se restringíssemos ao máximo a possibilidade de escolha de P dentre os participantes e objetos envolvidos na ação? Nas situações dialógicas em que não nos referíamos a nenhum deles (como nas questões do tipo "o que aconteceu?") P dispunha dos agentivos e outras funções semânticas para tentar especificar a ação. Explicitando o agentivo, eventual sujeito da construção sintática, P recorria a outras funções (objetivo, locativo, instrumento), normalmente exponenciados na posição de complementos. A idéia era, pois, explicitar nas questões todos esses elementos, não deixando a P senão o recurso à forma verbal. Alguns exemplos esclarecerão melhor essa estratégia:

(48) [24-05-84: foto de homens montando cavalos e saltando obstáculos.]

a) INV. — O que estão fazendo esses homens?
P. — Cavalos, cavalos.

b) INV. — Fazendo o que com os cavalos?
P. — Pular.

(49) [24-05-84: foto de um homem sobre um cavalo, saltando obstáculos.]

a) P. — Homens. (Iniciativa de P.)
INV. — O que ele está fazendo?
P. — Pulas. Cavalo.

b) INV. — O que está acontecendo?
P. — Pular.

(50) [19-07-84: foto de uma fonte jorrando água.]

a) INV. — O que está acontecendo com a água aqui?
P. — Chafariz.

b) INV. — E a água?
P. — Águas, água [...] cair, né?

As condições dialógicas desses exemplos são similares. Em (48a), reproduz-se o esquema já conhecido: explicito o agentivo ("homens") e questiono sobre a ação que realizam ("o que estão fazendo"). A resposta vem pelo outro participante do processo, utilizado como alternativa para especificar a ação — "cavalos, cavalos". Quando retomo a questão (a insistência funcionando como índice de resposta insatisfatória), explicito também "cavalos", restringindo as possibilidades de P. Já não há outros participantes ou objetos à sua escolha, e P chega ao verbo, mesmo que em sua forma nominal (infinitivo, sem as flexões dêiticas). Em (49a), é o próprio sujeito que, em suas respostas, esgota o recurso aos participantes do processo: inicia a descrição pelo agentivo ("homens") e à minha questão responde pela nominalização ("pulas") e pela explicitação de "cavalos". A minha insistência na questão (índice de que ainda acho a resposta insatisfatória) basta para levá-lo à alternativa disponível: "pular".

O exemplo (50) apresenta condições peculiares. Verbos como "cair", "jorrar" expressam processos que não supõem a função semântica do agentivo responsável pelo processo. São verbos intransitivos que tomam um argumento objetivo — "a pedra / o muro / o vaso ...caiu", "a água / o petróleo ...jorrou". A foto sugere um processo desse tipo e a primeira questão ("o que está acontecendo *com a água*") dificulta o uso do recurso alternativo ao objetivo (já explícito) para expressar o processo. A resolução por parte de P me surpreendeu: ele ainda seleciona um nome — "chafariz" — cujo sentido incorpora de certo modo o processo dinâmico, uma idéia de movimento, de água caindo ou jorrando. Minha insistência o leva outra vez, embora com alguma insegurança ("águas, água [...]"), ao verbo "cair", não sem manifestar a obviedade da resposta que procurava: "cair, *né?*".

Como na estratégia anterior, importa destacar alguns aspectos relevantes para o procedimento de P: a) ele tem consciência de suas dificuldades, b) manipula com certa regularidade os mesmos recursos expressivos, c) a situação dialógica, as insistências nos turnos do investigador, desencadeiam em P uma atividade epilingüística de busca de recursos alternativos para a resolução de sua dificuldade, d) a habilidade com que o investigador consiga controlar a situação dialógica possibilita a emergência, no caso de P, da forma verbal que expressa as relações entre os argumentos (participantes e objetos) no processo, e) a resolução da dificuldade de P depende crucialmente de sua interação com o interlocutor.

Em relação a este último ponto, aponto a presença de alguns fatos lingüísticos que evidenciam essa interdependência nos episódios dialógicos de que P participa: alguns segmentos da fala do investigador que P incorpora em sua fala. No exemplo (46b),

(51) .....

    INV. — Re...

    P.   — Re.

    INV. — Rem...

    P.   — Remar, remar.

a resposta de P (modulada em uma intonação finalizante) é construída em especularidade com o prompting fornecido. Foi a expansão do prompting que criou as condições para a resposta esperada. Em outro exemplo, no último turno de P em (47),

(52) ....

    P. — Divertir, passear, né?

temos outra indicação desse fenômeno: "divertir" e "passear" são uma incorporação não imediata (uma especularidade diferida, cf. pp. 60-62) em relação aos promptings "pa..." e "di...", "diver..." fornecidos em turnos anteriores. Já no exemplo (50), aqui repetido parcialmente como (53):

(53) ......

    INV. — E a água?

    P.   — Águas, água. [...] Cair, né?

P retoma um seguimento da fala do investigador (especularidade), e expande sua resposta depois de uma pausa (processo de complementaridade). O prompting é justamente uma das estratégias para desencadear processos complementares.

    A título de observação, cabe lembrar que nesta fase de sua prática clínica P se serve muito pouco de processos de reciprocidade, em que assume o papel de locutor (o que mais tarde passará a fazer com maior freqüência, como veremos oportunamente).

4. O processo de resolução das dificuldades lingüísticas em P

    A reelaboração por parte de P de sua dificuldade não é, entretanto, tão simples e natural como fazem parecer os exemplos analisados a título de ilustração. A atividade epilingüística é fonte de uma forte tensão que se manifesta das mais variadas maneiras e cujos sintomas vale a pena descrever. Lembremo-nos de que o investigador, como observei no capítulo anterior, não pode desconsiderar os silêncios, os gestos, enfim toda forma de manifestação do afásico que acompanha seu trabalho com a linguagem: são índices importantes para a avaliação e o acompanhamento do sujeito.

Alguns desses sintomas, já os indiquei e mesmo já me referi a eles em várias passagens das análises anteriores. Por ocasião da descrição do episódio do exemplo (38) já anotei, por exemplo, longas *pausas* com que P interrompe a fluência da descrição quando se defronta com uma dificuldade de expressão. Assim, em (38a) e (38g), que reescrevemos aqui para facilitar a leitura,

> (54) [Homem acordando e espreguiçando-se, em uma cama. No quarto, vários objetos.]
> P. — Relógio, abajur, cama, travesseiro, água [...]. O homem está [...] Como é que chama?

> (55) [Homem chegando em casa e cumprimentando os filhos; mulher em pé com um cachorro a seu lado.]
> P. — Mulher, homem, criança e cachorro estão agora [...] (Passa para o quadro seguinte.)

as pausas ("[...]") aparecem justamente quando a descrição de P, pelas razões já expostas, chega ao impasse da necessidade de explicitar o conteúdo semântico ativo da relação expressa pelo verbo. Ele se serve de um verbo insatisfatório para essa explicitação — "está", "estão" — que em português é um verbo de estado ou se emprega como auxiliar para a expressão do aspecto verbal e portador dos elementos dêiticos (pessoa, tempo, modo) da flexão verbal. As pausas indicam o espaço de uma atividade epilingüística que não chega a bom termo: em (54) a tensão desse processo fica manifesta: "como é que chama?". Em (55) a pausa se alonga e P capitula diante da dificuldade: passa para o outro quadro sem resolvê-la. Será fácil ao leitor encontrar outras passagens nos episódios analisados em que o silêncio, as pausas que interrompem a descrição, correspondem a esse espaço em que P, numa atividade epilingüística de comparação e seleção, reelabora a sua linguagem.

Será também fácil ao leitor compreender esse processo em passagens em que P dialoga consigo mesmo: é como se P procurasse o apoio de um interlocutor (sempre presente) que é a lembrança dele mesmo antes de seu distúrbio fásico. A explicitação dessa atividade epilingüística vem freqüentemente acompanhada das marcas de uma tensão que emerge em expressões de irritação e desconsolo:

(56) — Como é que chama? (p. 108)

— Como é que chama? *Saco viu!* (p. 108)

— Como é que chama, *meu deus*!? (p. 118)

— Parabéns. *Parabéns não é não.* (p. 106)

— Mudar, mudar [...]. *Não é mudar, meu deus!* (p. 116)

— Cair, *né?* (p. 120)

A tensão que acompanha esse processo de reelaboração de uma dificuldade lingüística também se vê no fato de que, na maioria dos casos, faz aparecerem outras dificuldades: reiterações, parafasias, aglutinações, atitudes perseverativas, utilização de paradigmas flexionais ou seriais, equívocos na seleção de um termo de um mesmo esquema semântico. Observem isso nos exemplos que passo a analisar. Eles mostram diferentes estratégias discursivas utilizadas por mim (insistência, restrição da escolha dos argumentos, promptings) que, orientando a reelaboração da dificuldade, se tornam sempre mais exigentes, ampliando a ansiedade de P:

(57) [14-06-84: foto de um menino ao lado de um toca-discos.]

INV. — O que este menino está fazendo?

P. — Disco.

INV. — O que ele tá fazendo com o disco?

P. — Louve, louve, ouve.

(58) [14-06-84: foto de um homem agachado, trabalhando com um pneu.]

    INV. — O que este homem está fazendo?
    P. — Pneu, pneu.
    INV. — Fazendo o que com o pneu?
    P. — Caligrando. (Em vez de "calibrando".)

(59) [13-02-86: investigadores e P conversam sobre programas de televisão que mostram desfiles de escola de samba em 1986.]
    INV. — O que elas estão fazendo?
    P. — Sambanho, samban... [...] Como é que chama?
    INV. — Samban... (Prompting para "sambando".)
    P. — Sambanha, sambanhas, sambanhas.
    INV. — Samband... (Extensão do prompting anterior.)
    P. — Sambando!

A estratégia discursiva utilizada nos dois primeiros exemplos, já a descrevi acima: trata-se do procedimento de restringir a possibilidade de P na utilização de termos expressando participantes e objetos para a especificação do verbo. Como nos episódios relatados antes [exemplos (48), (49) e (50)], P chega à forma verbal. Mas em ambos os casos aparecem dificuldades de natureza distinta. A primeira delas visível nas freqüentes reiterações, observadas em inúmeros exemplos ("louve, louve...", "pneu, pneu"), índices da busca da expressão adequada a que P visa. Mais reveladoras, porém, de sua tensão são as parafasias: "louve / ouve", "caligrando / calibrando".

No episódio (59), as condições dialógicas são semelhantes mas por outras razões. O processo em questão (expresso eventualmente por um verbo intransitivo) não deixa a P a opção de caracterizar a ação mediante um argumento qualquer: P já manifesta progressos buscando a forma verbal à primeira pergunta. De qualquer modo, a dificuldade acrescida aumenta a tensão do processo de reconstrução e aparece o fenômeno da parafasia ("sambanho"). P, de novo, manifesta a percepção do insucesso na resposta ("...samban...[...]")

e pela expressão "Como é que chama". O prompting, retomando a dificuldade de P no ponto em que estava, é insuficiente ("samban...") e a reelaboração ainda não é bem-sucedida fazendo aparecer uma espécie de nominalização acompanhada não somente de parafasia mas de reiteração ("sambanha, sambanhas, sambanhas"). Somente a extensão desse prompting leva à expressão buscada em todo esse percurso epilingüístico. Outro aspecto das dificuldades de P na reconstrução de sua linguagem aparece neste exemplo: para a resolução de seu problema, P percorre uma espécie de paradigma flexional nominal: sambanho, sambanha, sambanhas. Retomaremos logo abaixo este problema.

Semelhante ao aparecimento da parafasia é a utilização por P de formas aglutinadas, ou de "cruzamento" lexical. O episódio do próximo exemplo é bem ilustrativo e pode ser colocado em paralelo com o anterior. De fato trata-se de uma situação semelhante (foto de algumas mulheres dançando) em que não resta a P o recurso fácil a objetos envolvidos na ação para especificá-la:

(60) [19-07-84: foto de algumas mulheres dançando.]
INV. — O que essas mulheres estão fazendo?
P. — Samba.
INV. — Dan...
P. — Samba.
INV. — Dançar, dançando.
P. — Sandar!

A primeira resposta de P pode ser interpretada como no caso dos procedimentos alternativos dos primeiros exemplos. "Samba" não indica necessariamente uma aproximação à forma verbal (de "sambar") mas deve corresponder (pelo menos pela evidência que trazem os inúmeros exemplos analisados) a uma forma nominal (como samba, rock, valsa) que especifica a ação (como em "dançar samba"). O prompting não facilita a resolução da dificuldade e "samba" é reiterado. Não tive paciência de continuar insistindo e ofereci gratuitamente a forma que esperava por resposta: "dançar, dançando", incorporando em meu turno o modo habitual pelo qual P resolve sua dificuldade (observe que uso o verbo no infinito). P aglutina, cruza os dois termos — "samba" e "dançar" —, o que nos mostra, por outro aspecto de suas produções, como a resolução final, para P, de sua dificuldade resulta da utilização dos elementos que lhe vão sendo postos à disposição em todo o percurso epilingüístico de reconstrução de sua linguagem.

Pode-se falar nesse e em outros casos em uma atitude perseverativa, que não quero confundir com o que normalmente se chama de "perseveração" na literatura afasiológica. Chamam-se, assim, aqui, somente os casos em que o sujeito retoma segmentos de sua própria fala, distinguindo-os daqueles em que se retomam segmentos da fala do interlocutor (a que temos chamado processo de especularidade e a que a literatura afasiológica refere-se por "contaminação"). Nos dois casos, vejo uma atitude perseverativa em relação ao objeto lingüístico sobre o qual o sujeito vem operando no percurso de reelaboração de sua dificuldade. Tal atitude tem sido observada não só em P, mas também em outros sujeitos afásicos que tenho acompanhado. Por exemplo, em (60), a aglutinação "sandar" resulta de uma atitude perseverativa que inclui uma insistência de P em seu próprio turno ("samba") e em um processo de especularidade em relação à fala do investigador ("dançar"). Essa atitude cobre problemas não resolvidos do próprio sujeito ou a incorporação de elementos fornecidos pelo investigador.

Vale a pena rever um outro exemplo: (47) que, como de hábito, repetimos para facilitar o trabalho do leitor.

(61) INV. — O que estas pessoas estão fazendo?
P. — [...]
INV. — Pa...
P. — Ahnn!?
INV. — Di... Diver...
P. — Ahnn?! [...] Como é que chama, meu Deus!
INV. — O que elas estão fazendo?
P. — Castelo, navio. Homens, mulheres.
INV. — E o que eles estão *fazendo*?
P. — Divertir, passear, né?

No último turno, depois de um difícil percurso para chegar à especificação da ação, P serve-se dos verbos que já estavam sugeridos nos promptings iniciais e que ele não pudera aproveitar na ocasião. É claro que tais verbos poderiam ser muitos outros (andar de barco, navegar, visitar...), mas P resolve sua dificuldade incorporando as sugestões anteriores do investigador, na mesma atitude perseverativa que estou descrevendo. A expressão "né?!" manifesta uma certa obviedade na resposta, desde que a consideremos como relacionada aos turnos anteriores onde se produziram os promptings indicativos, e a assunção de uma especularidade diferida (incorporação de segmentos da fala do interlocutor instanciados em um momento anterior).

Observamos, por outro lado, outros exemplos de uma atitude perseverativa de P em relação a sua própria fala, ao tentar melhorar o que disse. Pressionado por minha insistência, ele retoma o que não fora bem resolvido e opera no sentido de refinar a elaboração lingüística. É o caso do exemplo (59), em que P questiona ele mesmo sua própria fala, e a retoma mais tarde modificando-a até a resolução de sua dificuldade:

— Sambanho. *Samban...* Como é que chama, meu Deus?!

— ....

— *Sambanha, sambanhas, sambanhas.*

— ......

— *Sambando.*

Essa atitude perseverativa não pode ser tomada como uma atitude mecânica, meramente reprodutiva. Ela indica que o sujeito afásico insiste em operar sobre as dificuldades irresolvidas, mantendo-as como objetivos do percurso epilingüístico em que as reelabora. Como não pretendo examinar em detalhes a produção lingüística do sujeito L, posso trazer aqui mesmo um exemplo que ilustra o que acabei de expor.

L e eu nos encontrávamos em um diálogo a partir de fotos, semelhante ao que propus a P, na tentativa de minimizar suas dificuldades de assumir-me como interlocutor:

(62) [26-07-84]

a) INV. — O que essa mulher tá fazendo?
   L. — Atleta de dançar balé, né?
   INV. — O que essa mulher tá fazendo?
   L. — Saiote de pano. Toalha, né? (A bailarina tinha uma toalha sobre a cabeça.) Assoalho. Se enxugando.

   [Neste ponto, interrompi o exame das fotos, com a intenção de verificar até que ponto L se dava conta de uma mudança de tópico (dificuldade específica de L, como veremos mais tarde).]

b) INV. — O senhor voltou lá no serviço? Tá fazendo o quê?
   L. — Por enquanto a gente faz alguma coisinha prá ajudá.
   INV. — Vou escrever para o senhor não esquecer a máquina de somar. (Eu já me havia referido ao meu desejo de trabalhar com a máquina de somar que era uma de suas atividades antes do distúrbio fásico.)
   L. — Máquina de cozinhá?
   INV. — De somar, tá?

   [Sem me dar conta no momento da dificuldade de L, que não se utilizava dessa expressão "máquina de somar", voltei à tarefa anterior.]

c) INV. — Que este homem tá fazendo?
   L. — Telefone. Telefonando. Você quer que eu traga o [...], a [...] rádio prá você falar?
   INV. — Não. Eu quero que o senhor traga a maquininha de somar. (Gesto com os

>   dedos de quem trabalha com a calculadora.)
>
> L. — A maquininha de calcular... Ah!
> INV. — De calcular. É.

L não "entendera" minha expressão "máquina de somar", como demonstra a passagem anterior (62b) — "Máquina de cozinhá?", e a passagem em (62c) em que me pergunta se era para trazer o rádio (a que nos referimos em um momento bem anterior ao desse diálogo). Mesmo não insistindo nesse ponto e voltando à tarefa de diálogo sobre as fotos, L insiste na questão até resolvê-la, servindo-se no caso de elementos de diálogos anteriores (como "rádio") e de recurso a gestos representativos. Essa aderência ao ponto de vista do interlocutor anteriormente expresso e a elementos de turnos anteriores ilustra bem a atitude perseverativa que tenho descrito.

5. Evocação de paradigmas e de "frames" para a resolução das dificuldades

Voltemos um pouco ao exemplo (59) para discutir um outro procedimento utilizado por P na solução de suas dificuldades. Chamei a atenção do leitor para o fato de que P, em diferentes ocasiões, no processo epilingüístico de seleção do termo para a resposta, percorre todo um paradigma flexional ou serial, antes de fixar-se naquele que lhe parece adequado. Dada a sua dificuldade com a expressão das flexões verbais, B reconstrói esse paradigma dentro do sistema morfológico nominal. É o caso de

>   (63) — Sambanho, samband..., (......), sambanha, sambanhas, sambanhas.

Compare-se (63) com os exemplos (37) e (50) que retomamos:

>   (64) [Quadro descrevendo uma cena em que há várias ações: um homem lendo jornal e fumando charuto, um outro lendo um livro, uma menina brincando com uma boneca.]
>   INV. — O que está acontecendo aqui?

P. — Homens, homens, homens [...]. Como é que chama? Saco viu! Meninos, meninas, menina. Livros, livro. Jarutos, jarutos.

INV. — Charuto.

P. — Charuto.

(65) [Foto de uma fonte jorrando água.]

(.......)

INV. — E a água?

P. — Águas, água [...] Cair, né?!

Um estudo mais cuidadoso está para fazer-se, mas não se pode deixar de ter uma hipótese de trabalho, sobretudo quando se tem em mente a prática clínica. Poder-se-ia dizer que o sujeito afásico opera sobre o conjunto estruturado dos elementos de um mesmo paradigma ou esquema, com o trabalho suplementar de selecionar nesse conjunto o elemento adequado às condições dialógicas em jogo (situação, turno anterior do diálogo). No caso de P, a forma morfológica proeminente corresponde à forma plural e essa é, de um modo geral, a que primeiro "experimenta". Revejam-se os exemplos (17c), (29), (31), (46), (50):

(66) a) — O que essa empregada está fazendo?

— Sopas.

b) — O que esse homem tá fazendo?

— Burros.

c) — O que estas pessoas estão fazendo?

— Lojas.

d) — E aqui, o que eles estão fazendo?

— Rios, rios.

e) — O que ele (mostrando o cavalo) está fazendo?

— Pulas. Cavalos.

Uma hipótese seria a de que o afásico escolhe a forma plural porque em português se utiliza com o valor genérico de indicação de classe ("Sopas não alimentam nada", "Burros não servem para montaria", "Lojas são estabelecimentos para compra e venda de várias coisas", etc.), deixando aberta ao interlocutor a extração de qualquer um desses elementos em uma dada situação de fato: corresponderia ao que Culioli chama de operação de "parcours" (percurso) (Culioli e outros, 1970), e estaria ligada ao fato de o sujeito afásico, no caso de P, não operar ao nível da expressão com elementos delimitativos, sejam quantificadores (um, algum, todo, qualquer, etc.), sejam dêiticos (o, as, este, meu, etc.). Embora esse aspecto do tratamento da construção nominal deva estar em jogo, a hipótese não parece suficientemente explicativa se levamos em conta exemplos como o (66e) em que a mesma "terminação" aparece em formas nominalizadas como "pulas".

No parágrafo sobre o emprego pelo sujeito afásico das categorias dêiticas voltaremos ao assunto. De qualquer modo, fica apontada essa dificuldade de P fixar-se sobre o elemento esperado, nas condições dialógicas, dentro de um quadro paradigmático. Ela não se manifesta somente em paradigmas, digamos, flexionais, como os exemplificados acima, mas também em paradigmas seriais (um, dois, três, ... primeiro, segundo, terceiro, ... domingo, segunda, terça, ... sábado). Um bom exemplo disso é o (38g) que reproduzo aqui:

    (67) [Relógio marcando 18:15, etc.]
        INV. — E agora, que horas são?
        P. — Uma, duas, três, quatro, cinco, seis, sete
            .... Uma, duas, três, ...
        INV. — Qu... (Prompting para "quinze".)
        P. — Seis e quinze.

Observe-se que P enumerou a série até sete, já inclusiva do numeral complexo intercalado entre seis e sete na seriação das horas e minutos. E bastou um prompting para a fração dos minutos ("quinze") para P fixar-se no numeral exato correspondente à situação.

Também assim se comporta P, quando lhe peço, no início de cada sessão, qual é o dia da semana. Passa pela série inteira — domingo, segunda, terça, etc. — até fixar-se no dia correspondente.

Um fenômeno semelhante se dá quando P oscila na escolha de um termo no interior do mesmo esquema ou "frame" semântico (ou como se tem chamado em certas tendências estruturalistas: "campo semântico"). Com a noção de esquema ou "frame" semântico certos autores como Fillmore (1976) ou os que trabalham com inteligência artificial, por exemplo Schank e Abelson (1972), procuram dar conta do modo pelo qual diferentes termos se relacionam em torno de um tópico comum ou um termo prototípico do esquema. Assim, a interpretação de uma oração como

(68) Vamos pagar. Você já pediu a conta?

se serve não somente das condições discursivas da produção (situação imediata, conhecimento mútuo dos interlocutores e imagem que se fazem um do outro, coordenadas de pessoa, tempo, lugar, etc. indiciadas pelos elementos dêiticos, etc.), mas de um "frame" de referência cultural e social constituído de objetos, processos, ações, eventos, propriedades correlacionadas mais ou menos intimamente:

(69) a) comer em restaurante, pedir o menu, escolher os pratos, comer sobremesa, tomar café, pedir a conta, ...

b) ter fome, ter sede, gostar de cerveja, ...

c) comida, prato, menu, ... frango a passarinho, sobremesa ...

d) apetitoso, salgado, fresco, ... caro, barato, ... etc.

Apesar da forma em que o apresentamos em (69), um frame não é um conjunto não-estruturado de elementos que partilham certas propriedades em comum. Trata-se de uma noção estrutural: são elementos e relações entre esses elementos que compõem uma descrição ("descript") complexa de uma realidade social e cultural, com aspectos paradigmáticos e sintagmáticos (ou melhor, metafóricos e metonímicos).

Com esse parêntese, posso voltar a P. Também em relação aos frames ativados nas diferentes situações dialógicas, ele apresenta problemas de seleção da relação esquemática que melhor corresponde à resposta esperada. Observe os exemplos (70), já analisado, e (71):

(70) [Foto de dois homens em um barco, remando.]
INV. — E aqui, o que eles estão fazendo?
P. — Rios, rios.
INV. — E o que estes homens estão fazendo?
P. — *Mudar, mudar* [...]. *Não é mudar,* meu deus!
(....................)
P. — *Remar, remar.*

(71) [19-07-84: foto de um menino chutando uma bola.]
INV. — O que este menino está fazendo?
P. — [...] bola, bola, bolas [...] Que mais? Meninos.
INV. — O que este menino está fazendo com a bola?
P. — *Pular. Pular, não.*
INV. — Chu... (Prompting para "chutar".)
P. — *Chutar.*

Um exemplo mais evidente, embora não envolvendo uma dificuldade com a expressão da forma verbal, é o seguinte:

(72) [Foto de uma escova de dente com pasta dental.]
INV. — Como chama isso? (Mostrando a escova.)
P. — Dente. Não é. Pasta, não.
INV. — Es... (Prompting para "escova".)
P. — Escova.
INV. — Escova de...
P. — Escova.
INV. — De...
P. — Dente.

Fica claro que P não é portador de uma anomia, visto que responde com outros nomes ("dente", "pasta") à questão por mim formulada. A organização não patológica do "frame" relacional semântico evocado pela situação e pelo turno dialógico anterior orienta P para a escolha desses termos que, embora não correspondendo à resposta esperada, representam elementos do mesmo esquema funcional, correlacionados entre si e ao que está posto como foco da questão. Pode-se, pois, formular a hipótese de que P se serve desses "frames" semânticos (como anteriormente se serviu de paradigmas flexionais e seriais) na reelaboração de sua dificuldade. A situação e a intervenção do interlocutor ativam esquemas relacionais complexos que P organiza bem; diante da dificuldade de servir-se da palavra correspondente ao objeto a ser nomeado ou à ação a ser especificada por uma forma verbal, P cerca o problema trazendo à expressão os termos que representam objetos e relações próximos no interior do esquema funcional ["samba"-"sambar"-"dançar"-"sandar", no exemplo (60); "rios"-"mudar"-"remar"-"remo"-"navio"-"divertir"-"passear", nos exemplos (46) e (47); "bolas"-"pular"-"chutar", no exemplo (71) e, no último exemplo, "dente"-"pasta"-"escova"-"escova de dente"].

O importante na análise que venho fazendo não é simplesmente identificar uma outra dificuldade de P (mostrar os equívocos que comete na seleção de elementos no interior do mesmo esquema), mas reconhecer nesse procedimento um outro passo intermediário que P executa para a resolução de suas dificuldades. De fato, esse procedimento representa um avanço, um salto qualitativo em relação às situações anteriores em que P buscava especificar a ação por uma expressão relativa a objetos e participantes da ação: tratava-se nesse caso de um mero "complemento" da questão formulada pelo interlocutor, ou o preenchimento dos "lugares" abertos pela relação múltipla que a forma verbal estabelece entre seus vários argumentos. Neste caso, embora ainda dependente da provocação do interlocutor, P opera sobre frames semânticos que ele organiza, estabelecendo relações complexas entre elementos não diretamente observáveis nos quadros ou fotos, nem diretamente solicitados pela questão do interlocutor. Estende, portanto, seu trabalho epilingüístico a esquemas funcionais complexos, o que é um dos pressupostos de uma continuidade discursiva independente com reversibilidade dos papéis da interlocução.

Vou fechar este parágrafo com um exemplo mais rico e variado em que farei uma síntese dos procedimentos adotados por P e por mim na reelaboração de sua linguagem. Um resumo deste parágrafo e do parágrafo anterior.

(73) [19-07-84: foto de um carro, sem o motorista, parado em um posto de gasolina, ao lado das bombas, e de um homem limpando o vidro dianteiro desse carro com um pano.]

 a) INV. — O que este homem está fazendo com o carro?
  P. — Gasolina.

 b) INV. — Mas não tá pondo gasolina!
  P. — Vidros, né?!

 c) INV. — Tem um vidro só aí, né?
  P. — É [...] vidros.

 d) INV. — E o que ele está fazendo?
  P. — Poera, poeras. (Faz um gesto circular com as mãos representando a ação de limpar um vidro com pano.)
  INV. — O que ele está fazendo?
  P. — [...]
  INV. — O que ele está fazendo?
  P. — Isso daqui. (Repete o gesto de limpar o vidro.)
  INV. — É. Pega um pano e tira o pó.
  P. — Certo. Certo.

 e) INV. — Lim... (Prompting de "limpar".)
  P. — [...]
  INV. — Limpan... (Extensão do prompting para "limpando".)
  P. — Piando [...]. Limando [...]. Limpando!

Em (73a), reencontramos uma estratégia conhecida. Ao formular minha questão, tento restringir a escolha, por parte de P, de um participante ou objeto envolvidos na ação como base para a especificação dessa ação. Estou pensando em algo como "o homem está limpando o carro" e espero que P me especifique a ação (limpar). P interpreta diferentemente a situação (assume um outro ponto de vista) e me responde pelo objetivo "gasolina".

Na situação dialógica, o interlocutor participa com o locutor da constituição do sentido, estabelecendo os supostos indispensáveis, resolvendo as ambigüidades, tirando as inferências esperadas ou até negociando com o locutor o ponto de vista assumido ou as inferências a que deseja levar. É o que faço em (73b): por um lado, mostro a P como sua expressão, mesmo fragmentária do ponto de vista sintático, foi por mim interpretada; por outro, solicito a P que se coloque em outra perspectiva: "mas não tá pondo gasolina!".

P se ressitua no diálogo, mas recorre ainda a um termo nominal, objetivo: "vidros", de qualquer coisa como "ele está limpando o vidro do carro".

Minha questão em (73c) decorre do fato de que ainda não me tinha apercebido da função da "forma plural" — "vidros" no processo de reelaboração da linguagem em P. Interpreto-a como sendo um equívoco de análise da situação com uma indistinção entre pluralidade e singularidade: "tem um vidro só aí, né". Mais do que uma questão, o ato de fala produzido corresponde à mesma negociação iniciada em (73b): tento ajustar com P a análise da situação referida. Mas evidentemente esse não é o caso. P não está fazendo uma análise diferente da minha (tanto que concorda comigo: "É [...]", mas responde pela mesma forma "vidros", o que mostra que o seu problema se situa exclusivamente ao nível da construção: a forma "vidros" é uma dentre as várias de um paradigma flexional sobre o qual opera para a seleção de sua expressão e não um índice de pluralidade, do mesmo modo que ele vai proceder na resposta oscilante de (73d): "poera, poeras".

Essa última resposta mostra bem o percurso de P no esforço para especificar a ação. Na passagem de "gasolina" a "vidros" P expressara uma mudança de perspectiva, passando da ação (evocada pela situação) de "abastecer o carro", "pôr gasolina no carro" a "limpar o carro", "limpar o vidro do carro". Na passagem de "vidros" a "poeras" certamente obtém um refinamento dessa especificação: "tirar a poera do vidro do carro", "limpar a poera do vidro do carro". Que ele analisa corretamente a situação e evoca seus termos de um frame funcional semântico adequado fica claro pelo acompanhamento da palavra por um gesto significativo. Já não se trata mais [como nos exemplos (38c) e (38e)] de um gesto dêitico, de mera identificação e ostensão dos objetos enumerados ou nomeados, mas de um gesto icônico e representativo da ação a respeito da qual sabe que está sendo perguntado e que deseja expressar. Quando eu lhe traduzo verbalmente esse gesto — "É. Pega um pano e tira o pó." — confirma imediatamente: "Certo, certo!".

Esse me pareceu o momento apropriado para um prompting. De certo modo tínhamos "cercado" a situação e nos tínhamos servido de todos os recursos alternativos à disposição, explicitando já os argumentos (participante e objetos) mais óbvios envolvidos na situação: "o *homem* está limpando a *poera* (o *pó* do *vidro* do *carro* com um *pano*". Devia supor que a forma verbal estava (à falta de melhor modo de dizer) na ponta da língua. Ao mesmo tempo, como se observou antes, é bem grande a tensão resultante desse processo de busca. A resposta de P, com aglutinações e parafasias o mostra bem: "Piando, limando [...]. Limpando!"

Essa última passagem merece ainda algumas considerações que nos situam em reflexões anteriores. Em primeiro lugar, observe-se um novo sinal da atitude perseverativa. P, em sua resposta final, integra no processo de construção elementos anteriores do diálogo. A forma "piando" não é simplesmente uma deformação, mas um índice desse procedimento: um pouco de atenção nos mostra que se trata na verdade da aglutinação de elementos dos turnos anteriores. Havia neles uma forte aliteração em *p* ("*p*oera, *p*oeras; "É, *p*ega um *p*ano e tira o *p*ó") que se mantém na forma inicial "*p*iando". Em segundo lugar, mais do que o próprio fato de corrigir-se a seguir, há fortes indícios de que P tem clara consciência da irresolução de sua dificuldade e da natureza do engano (aglutinação) que cometeu na prolação: em sua segunda tentativa, não somente substitui *p* por *l,* mas simplesmente elimina todos os *p:* "limando". Finalmente: "limpando!".

Não preciso encarecer a importância de considerar toda essa série de fatos (exemplificados no parágrafo anterior e neste) de modo a integrá-los na descrição da atividade epilingüística de reconstrução pelo afásico de sua linguagem. A literatura sobre afasia tem feito referência a todos eles, mas sempre vistos em caixas estanques dos procedimentos descritivos e classificatórios. Isso decorre da metodologia científica adotada que leva justamente a isolá-los para melhor controle dos fatores intervenientes e para melhor exame estatístico dos resultados. É bem diferente quando interessamo-nos menos por esses resultados classificados e controlados e mais pelos processos envolvidos na práxis dialógica em que a linguagem se constrói (se reconstrói). É que, sem ignorar a contribuição de trabalhos que manipulam outros instrumentos de controle de variáveis e verificação de hipóteses descritivas, importam-me acima de tudo hipóteses operacionais que possam orientar essa práxis e, conseqüentemente, a prática terapêutica. Nesta, mais que elegantes sistematizações classificatórias, é relevante descobrir e *acompanhar* (no sentido de construir junto) os procedimentos epilingüísticos e os comportamentos que se conjugam em cada situação efetiva de recomposição das dificuldades de linguagem do sujeito afásico.

6. As dificuldades de P com o sistema dêitico da linguagem

Vou retomar inicialmente a caracterização intuitiva da noção de dêixis (já discutida nas páginas 49 ss.). Nas línguas naturais não entram em jogo somente regras de construção das expressões que organizam os recursos expressivos de que dispõe o usuário dessa língua e sistemas semânticos de referência nos quais essas expressões são interpretadas. Os enunciados são produzidos em uma situação de discurso, em um contexto caracterizado pelas relações entre os interlocutores (o que sabem um do outro, o conhecimento que partilham, os critérios de relevância com que instauram um ponto de vista sobre os fatos; etc.), pelas condições de lugar e tempo em que a enunciação se dá e em um co-texto, isto é, pelos enunciados anteriores (os turnos dialógicos precedentes) que os condicionam. De um modo geral, todas essas condições de produção do discurso atuam pragmaticamente na determinação da interpretação. Entretanto, todas as línguas naturais selecionam algumas coordenadas mínimas e gerais que orientam os interlocutores em relação a determinadas condições de produção do discurso, e lhes permitem atualizá-los, instanciá-los em um contexto ou co-texto determinados. Todas elas possuem subsistemas de elementos, a que se chama elementos dêiticos que expressam essas relações entre os enunciados e as condições do discurso.

No caso do português, incluem-se nessa categoria, por exemplo, os chamados pronomes pessoais (eu, tu, ele,...), outros pronomes adjetivos (meu, teu,..., este, esse, aquele,...), inúmeros advérbios (aqui, ali,..., agora, hoje,..., assim, também,...), o artigo definido (o, os,...). Como se percebe facilmente, todas essas expressões não levam a identificar os objetos ou circunstâncias referidas por suas propriedades descritivas, mas estabelecem coordenadas dêiticas (pessoas do discurso, tempo, lugar, modo, etc.) da situação de enunciação. Expressam relações muito precisas com a situação, de que depende inteiramente a identificação de sua referência. O papel dêitico das flexões verbais também tem sido largamente reconhecido: elas expressam indicações de pessoa, tempo, modo, aspecto, relativas à situação de enunciação que orientam a interpretação das expressões em uma dada situação de fato.

O sistema de coordenadas dêiticas da enunciação é, em um certo sentido, egocêntrico: passando o papel de locutor de um participante a outro, o centro de referência dessas coordenadas se altera. O sistema dêitico se constrói a partir de um ponto marcado pelo "eu/aqui/agora" da enunciação. Em certas línguas o sistema inclui até relações sociais entre os interlocutores, a que Lyons (1968, p. 213) chama "relações de estatuto", que indicam a posição social em que cada locutor fala (pais/filhos; patrão/servidor; etc.). O domínio dos recursos expressivos desse sistema está, pois, diretamente relacionado com a propriedade dialógica fundamental da linguagem: a da reversibilidade dos papéis na interlocução.

Posso agora voltar aos problemas lingüísticos de P. O primeiro, que analisei longamente até aqui, resulta da dificuldade de expressar a forma verbal e conseqüentemente de estruturar as orações, dado o papel coesivo do verbo relacionando entre si participantes e objetos do processo a ser representado. Mas pode-se levantar a hipótese de que isso tem raiz em uma dificuldade mais profunda: a de constituir-se na prática clínica como interlocutor efetivo e a de relacionar, portanto, suas expressões com a situação discursiva. Como em português a forma verbal se caracteriza morfologicamente como uma forma portadora de elementos dêiticos em sua flexão, enunciá-la implica também assumir o posto de locutor e, tomando esse posto como centro de referência, expressar as relações com a situação discursiva que esses elementos estabelecem, salvo optando pelas formas não flexionadas (como o infinitivo, o gerúndio, o particípio) que, como formas subordinadas, não possuem o mesmo valor estruturante da oração.

Uma outra indicação importante de que essa dificuldade está ligada à reconstituição de P em seu papel de locutor é o fato de que, quando fala como se fosse consigo mesmo a respeito de suas dificuldades, ele utiliza adequadamente as formas verbais. Já fiz referência a isto anteriormente; em expressões epilingüísticas como — "como é que *chama*?", "como é que chama? saco *viu*", "não é mudar, *meu deus*!", ele é perfeitamente capaz de relacionar deiticamente seus enunciados, servindo-se da flexão verbal e de um possessivo, mesmo que se trate de expressões quase-idiomáticas e fixas.

Voltando aos episódios dialógicos que tenho analisado, é fácil observar que, mesmo quando P chega a uma resolução de sua dificuldade com a expressão da forma verbal, ele o faz parcialmente: o verbo sempre aparece em sua forma infinitiva e, poucas vezes, em uma forma gerundiva que se apóia no esquema das questões do investigador. Releiam os exemplos (38e), (47), (60), (58), (73):

(74) [Quadro de um homem em seu escritório, ao telefone . . .; um charuto aceso no cinzeiro, . . .]
P. — Agora, *trabalhar*. [...]. Meio dia [...] (apontando o charuto aceso:) *Fumar*. Telefone.

(75) [Foto de uma paisagem tipicamente turística: um castelo no fundo e algumas pessoas passeando de barco...]
INV. — O que eles estão fazendo?
P. — Castelo, navio. Mulheres e homens.
INV. — E o que eles estão *fazendo*?
P. — *Divertir, passear*, né?

(76) [Foto de algumas mulheres dançando.]
 INV. — O que essas mulheres estão fazendo?
 P. — Samba.
 INV. — Dan...
 P. — Samba.
 INV. — Dançar. Dançando.
 P. — *Sandar*.

(77) [Foto de um homem agachado, ao lado de um pneu.]
 INV. — O que este homem tá fazendo?
 P. — Pneu, pneu.
 INV. — *Fazendo o que* com o pneu?
 P. — *Caligrando*.

(78) [Foto ..... de um homem limpando o vidro dianteiro do carro com um pano.]
 INV. — O que ele está fazendo?
 P. — Isso daqui. (Faz um gesto representativo de limpar com as mãos.)
 INV. — É. Pega um pano e tira o pó.
 P. — Certo. Certo!
 INV. — Lim...
 P. — [...]
 INV. — Limpan...
 P. — *Piando, limando* [...]. *Limpando*.

O que se pode notar nesses exemplos, que o leitor pode estender a muitos outros já estudados, é a predominância absoluta de expressão da forma verbal pela forma nominal do infinitivo, como nos exemplos (74) e (75). Note-se, ainda, que não basta o fato de o investigador enunciar a forma gerundiva nas questões ("o que ... está *fazendo*") e mesmo na proposta de uma solução, como em (76) ("dançar, *dançando*"). No exemplo (77) o gerúndio aparece depois de uma ênfase particular nessa forma (*"fazendo o que* com o pneu?") e no exemplo (78) depois de um prompting extenso para essa forma ("limpan...").

Essa dificuldade de relacionar seus enunciados a uma situação de fato, por meio dos elementos dêiticos, P também a tem com as formas nominais: ele não se serve de artigos definidos (cujo papel é justamente o de orientar os interlocutores para a identificação do referente na situação discursiva, em um turno anterior do diálogo ou no conhecimento que partilham a respeito dessa situação); ele não usa quaisquer possessivos ou demonstrativos (que relacionem o enunciado a instâncias pessoais do discurso); ele não usa, mesmo, quaisquer delimitativos (indefinidos ou quantificadores). A forma nominal aparece como em estado de dicionário: "disco", "pneu", "castelo, navio...", "gasolina", "vidros". A diferença está em que P sabe da insuficiência de sua resposta e parece mesmo ter consciência do papel das flexões nominais e verbais nesse processo.

É nesse sentido que tenho reelaborado minha hipótese sobre o persistente aparecimento de um *s* como terminação que cheguei a interpretar como resultante de um equívoco na análise da situação [cf. exemplo (73)]. Na verdade, essa terminação aparece não somente em expressões prototipicamente nominais ("vidros", "poeras") em que P recorre ao paradigma flexional do nome para a seleção da resposta desejada. Aparece também em "nominalizações", formas verbais modificadas, como em:

(79) [Foto de um homem cortando uma planta...]
 INV. — O que este homem tá fazendo?
 P. — Tisora, tisora. *Cortes, cortes.*

(80) [Foto de um homem montando um cavalo e saltando obstáculos.]
 P. — Homens.
 INV. — O que ele está fazendo?
 P. — *Pulas.* Cavalos.

(81) [Foto de homens jogando futebol.]
 INV. — O que eles fazem aí?
 P. — *Jogas.*

Interpreto, por isso, a recorrência desse *s* menos como a utilização de uma flexão específica (índice de pluralidade), mas como um sintoma de que P tem consciência de que "algo a mais" deve ser expresso para a adequação de sua resposta à situação discursiva: algo que justamente se expressa em português em seu sistema flexional. Esta interpretação é compatível com o recurso, por parte de P, a todo um paradigma flexional no caso das formas nominais e mesmo verbais ["meninos, meninas, menina..." do exemplo (64) ou "sambanho, sambanhas, sambanha..." do exemplo (59)], e é também compatível com a observação de que P, no processo de reelaboração das suas dificuldades lingüísticas, recorre a mecanismos alternativos que, mesmo quando malsucedidos, manifestam explicitamente o percurso epilingüístico desse processo.

Tomemos essa deixa para fechar o parágrafo resumindo os passos intermediários desse processo de recuperação das formas verbais por parte de P:

Primeiro passo:

I — Questionado sobre ações ou processos, P, na falta de uma forma verbal que estruture sua resposta, especifica essas ações e processos pela simples enunciação dos participantes e objetos relacionados:

    a — em situações mais complexas, enumera os participantes e objetos, ordenando de um lado os agentivos e de outro os termos relativos a elementos que desempenham outras funções semânticas (objetivo, instrumento, locativo,....);

    b — quando o foco da questão é a ação e os agentivos vêm nela explícitos, especifica a ação pelo termo argumental mais característico;

    c — quando as situações dialógicas restringem a escolha dessas alternativas, recorre à nominalização ("corte", "pulas", "parabéns", "namoro"...);

    d — raramente recorre às formas infinitivas do verbo.

II — Não expressa quaisquer relações dêiticas, operando, entretanto, sobre certos paradigmas flexionais do nome e especializando uma terminação *s*, como recurso alternativo a essa dificuldade.

Segundo passo:

I — Quando a situação dialógica o leva à resolução de sua dificuldade, chega a uma forma verbal:

    a — a resolução, porém, é parcial, na medida em que se serve de formas nominais (infinitivo, gerúndio) não flexionadas;

    b — persiste, pois, sua dificuldade de estabelecer as relações dêiticas;

    c — recorre, subsidiariamente, a gestos representativos das ações sob foco na questão.

II — Manifesta em todo esse processo de resolução a tensão em que se encontra, observável em:

    a — parafasias ("caligrando", "sambanho");

    b — aglutinações ("sandar", "piando");

    c — expressões de inquietação e insegurança ("Como é que chama", "meu deus!", "saco viu!").

Todos esses fatos indicam uma série de passos intermediários em um processo evolutivo pelo qual P se aproxima da resolução de sua dificuldade na especificação das ações e processos. O importante é destacar que esse processo depende radicalmente da atuação do investigador na elaboração dos turnos dialógicos e no uso de estratégias auxiliares. Por sua vez, isto depende de como o investigador seja capaz de constituir-se como interlocutor e, por aí, reconstituir P como sujeito de sua interlocução e da consideração de todos esses fatos como parte desse processo de reconstrução. No caso de P, particularmente, depende do conhecimento de que ele passara por um procedimento terapêutico que reduzia, ao contrário do desejável, seu papel na interlocução: a falar somente se estimulado. Não é demais insistir na inadequação desse procedimento desastroso, sobretudo para um sujeito afásico que demonstra dificuldades em representar-se como locutor e constituir-se como centro da interlocução no estabelecimento de relações (dêiticas) com a situação discursiva.

7. A linguagem de P nos diálogos e narrativas espontâneas

Já se encontra em alguma literatura afasiológica que os sujeitos, em diálogos e narrativas espontâneas, apresentam resultados bem melhores do que nos testes-padrão. Aqui, examinaremos particularmente esse tópico no caso de N (no próximo capítulo). No início da prática clínica, P trazia os reflexos de uma prática terapêutica que agravava suas dificuldades de constituir-se como sujeito da interlocução. Nas situações espontâneas de conversação, limitava-se a palavras isoladas por longos silêncios intercalares. Com as estratégias adotadas, embora tivessem ainda muito de artificiais, pude avaliar mais cuidadosamente suas dificuldades lingüísticas e superar essa prática em ocasiões de um diálogo mais natural e participativo.

7.1. A expressão das relações dêiticas: disjunção entre a dêixis das flexões verbais e a especificação semântica do verbo

As dificuldades de P se mantêm mesmo em fases mais avançadas de seu acompanhamento, independentemente das estratégias por mim utilizadas. Dois exemplos mostrarão isso, sem uma análise detalhada, visto que o leitor poderá logo reconhecer os aspectos patológicos envolvidos. Ambos são trechos de uma conversação muito mais longa, de que extraímos o mais relevante para mostrar a recorrência das dificuldades e dos intermediários e recursos alternativos usados por P:

> (82) [06-02-86: investigador e P folheiam um jornal e param para examinar uma foto com dois jogadores disputando uma bola.]
>
> INV. — ... Então, o que esses caras vão fazer com essa bola? Se são jogadores de futebol, o que eles vão fazer com a bola? Levar para casa?
>
> P. — Não. Como é que chama? É [...] bola [...] é [...]. Fica. [...] Bola ficas [...11"...] Num dá.

INV. — Dá sim. O que que o jogador tá fazendo com a bola?
P. — Dibrar. Dibrar. Dibras.

(Em [...x"...], x" = tempo da pausa em segundos)

(83) [30-01-86: P e eu conversamos sobre os dias que passou na praia. P tenta contar que foi junto com seu cunhado ao Banco, tirar dinheiro.]
INV. — O que o senhor foi fazer no Banco?
P. — Dinheiro.
INV. — Eu sei...!
P. — Dinheiros, né.
INV. — Fazê o quê com o dinheiro.
P. — Caixa.
INV. — T.... [Prompting para "tirar".]
P. — Tirar!

Facilmente podem observar-se as mesmas estratégias (com a diferença de que eu mesma me torno mais natural em sua condução) e aspectos já estudados na avaliação anterior: as dificuldades (e a tensão de P) aumentam quanto mais fica ele restrito à expressão da forma verbal; serve-se dos mesmos recursos alternativos (nomes de argumentos, objetos e locativos) ou aquilo a que chamamos impropriamente de "nominalizações" ("bola", "dinheiro", "caixa", "ficas"); a forma verbal lhe vem na forma nominal infinitiva ("dibrar", "tirar") e, conhecendo sua insuficiência, esforça-se por encontrar as formas flexionadas percorrendo um paradigma ("Fica/ficas", "Dibrar/dibrar/dibras").

Mas agora disponho de uma hipótese de trabalho que me pode dar a chave metodológica crucial. Associo sua dificuldade com os elementos e flexões dêiticas à dificuldade de produzir as formas verbais e, pois, de estruturar seus enunciados. Mais ainda, associo essas duas dificuldades aos problemas que P tem em constituir-se como interlocutor. Por isso mesmo evito começar logo por situações de narrativa espontânea, deixando a P o seu próprio discurso, porque nestas teria o domínio da informação e eu, enquanto interlocutor, teria menores oportunidades de participar da reelaboração de sua linguagem. Ao contrário, em situações dialogais, P teria que enfrentar seu problema com a reversibilidade dos papéis e referir-se continuamente a elementos da situação imediata da enunciação de que tínhamos que nos servir na construção da significação e em sua interpretação conjunta.

Procurava exatamente as situações em que coordenadas como de pessoa, tempo, lugar, fossem muito relevantes para os propósitos dialógicos. Por exemplo, discutir as informações datadas de sua agenda, fazer comentários sobre notícias de jornal do dia, que P sempre trazia. O episódio a seguir ilustra essa estratégia. Observarão que P mostra os sinais de uma evolução muito significativa: mesmo que não associe inicialmente a expressão das coordenadas dêiticas à flexão do verbo (cada qual lexicalizada separadamente), esse parece ter sido o passo intermediário para a produção das formas verbais morfologicamente caracterizadas e completas:

(84) [06-02-86: investigador tinha insistido em que P marcasse na agenda os dias em que chovesse. O diálogo se passa sobre esse tema.]

a) INV. — Não marcou os dias que *choveu*?
P. — Não.
INV. — Eu pedi para o senhor marcar os dias que choveu.
P. — Ah, é?
INV. — É.

b) P. — *Ontem foi.*
INV. — Foi o quê?
P. — *Ontem foi.* (Intonação e acento marcados em "ontem".)
INV. — Quem foi?
P. — *Ontem foi.* (Intonação e acento de novo bem marcados.)

c) INV. — Foi o quê?
P. — *Choveu.*

INV. — Ah, ontem choveu!
P. — Pouco, né. Pouco só. E *foi* umas passagens.

Em (84a), converso sobre a tarefa referida e ponho ênfase em "choveu". Não formulo propriamente nenhuma questão específica sobre quando tenha ou não chovido. É por isso muito significativo que P tenha assumido seu papel no diálogo e tomado a iniciativa da informação em (84b). É curioso, no entanto, notar que P ainda não especifica o evento em questão ("chover") para associar a ele os elementos dêiticos da flexão de terceira pessoa, de tempo passado e de aspecto perfectivo: serve-se para isso de um advérbio de tempo ("ontem") e de um verbo-suporte, auxiliar, como elemento portador da dêixis ("foi"). Assim, embora fornecendo uma informação relacionável à situação de enunciação relevante para o tópico do discurso, evita as dificuldades que tem com a expressão verbal. Eu já havia observado que as dificuldades com as flexões eram menos fortes quando operava com verbos mais abstratos e funcionais, como "estar", "ficar", "ser" [reveja o exemplo anterior e também os exemplos (38a,g), (39b,c), (42a)]. Há portanto uma disjunção dos dois papéis associados ao verbo a que se referia Benveniste (1950): em primeiro lugar, a expressão de um conteúdo semântico predicativo de ação, processo, atitude, evento que o torna um elemento de coesão e correlação dos elementos da oração; em segundo lugar, a expressão de coordenadas dêiticas da oração, de que é portador em sua flexão, e que, relacionando o enunciado a uma situação de fato, o torna elemento característico da asserção (ou outro ato de fala praticado).

Em (84b), podemos ainda ressaltar a importância da situação dialógica para a resolução da dificuldade do sujeito afásico: minha insistência ("Foi o quê?", "Quem foi?", "Foi o quê?") leva P a reiterar sua resposta, marcando o advérbio "ontem" que lhe parece satisfatório. Mas leva-o também a resolver finalmente sua dificuldade pela produção da forma verbal esperada e convenientemente flexionada — "Choveu!".

É interessante comparar esse episódio com o seguinte, ocorrido uma semana antes, que reproduz o mesmo processo construtivo, com alguns índices ainda mais positivos:

(85) [30-01-86: a mesma situação do exemplo anterior.]
P. — Ontem chuva, né?
INV. — Ontem o quê?
P. — Chuva, chuva [...] (Gesto representativo de chuva caindo.) Caiu [...]. Ontem.
INV. — É. Ontem caiu chuva.
P. — Caiu chuva. Ontem caiu chuva.

Em vez de um verbo suporte da dêixis, expressa no advérbio "ontem", P opta por expressar o processo com recurso a uma nominalização ("Ontem chuva"). Minha insistência o faz retomar sua própria fala (atitude perseverativa a que nos referimos) para logo melhorar o que disse: menciona o problema que não fora resolvido ("chuva, chuva"), passa por um gesto representativo do evento, e o traduz pela forma flexionada do verbo "cair" ("caiu [...] ontem"). Mesmo que retomando minha fala especularmente, é de notar que em seu último turno P, de posse da forma verbal, consegue estruturar precisamente sua oração, reagrupando elementos dos turnos anteriores (enfim: "ontem caiu chuva"). O fato é extremamente relevante dado que P tem dificuldade de repetir orações estruturadas pelo investigador (se lhe peço para repetir: "eu fui para o hospital ontem", uma resposta típica de P será: "hospital ontem"). É um dos sintomas clássicos de agramatismo, observados em testes-padrão.

Tudo parece muito simples nesse exemplo e não quero dar a impressão de que encontrei uma chave mágica para resolver as dificuldades lingüísticas de P. Na verdade, a reconstrução da linguagem do sujeito afásico passa, na maioria das vezes, por um processo doloroso de progressos e retrocessos e por um esforço e tensão que envolve investigadores e sujeitos. Um exemplo mais complexo servirá bem para mostrar isso: há evidente evolução do sujeito, mas construída peça por peça com paciência e grande desgaste emocional:

(86) [12-12-85: investigadores observam a agenda de P onde ele registra a data de uma exposição ("Mistérios do Mar") anunciada nos jornais da cidade. Ao lado P tinha escrito a palavra "Fechado".]

a) INV.1 — Tava fechado?
P. — Sim, senhora. Sim, senhora.
INV.1 — Quando foi, tava fechado?
P. — É.
INV.1 — E por que não telefonou antes?
P. — Tá aqui, ó!, o número tá aqui. (Apontando o número do telefone marcado na agenda.)

b) INV.1 — Mas por que não telefonou antes?
INV.2 — Mas às vezes não abre todo dia; deixa eu ver no jornal.
INV.1 — Por que o senhor não telefonou antes?
P. — Foi, foi. Odila (irmã de P) foi pra mim.

c) INV.1 — Não. Mas Odila telefonou?
P. — *Te - le - fo - na - do!* (Silabando e com forte acentuação.)

d) INV.1 — Como é que é?
P. — Telefonado. Odila viu pra mim.
INV.1 — *Te - le - fo - na - do?* (Reproduzindo a ênfase anterior de P.)
P. — Telefonado.
INV.1 — O que que é isso?

e) INV.2 — Ela tinha telefonado?
P. — É. Odila, Odila é [...]. Como que chama? É [...].
INV.1 — Quem telefonou? ... Quem que telefonou? O senhor?
P. — Odila [...48"...].
[Durante quarenta e oito segundos P manteve-se em silêncio, olhando para

a expressão "Fechado" em sua agenda. Os investigadores, para não agravar a tensão, procuram alguma notícia sobre a exposição no jornal.]

f) INV.2 — Então a Odila telefonou e tava aberto?
P. — É.
INV.2 — Aí o senhor foi até lá e...
P. — (Interrompendo o investigador:) Não. Não é não [...]. Como é que chama? É [...]. Como é que chama é [...]. Odila [...] ela tinha [...]. Como é que chama é [...5"...].
INV.1 — Tinha o quê?
P. — Tinha [...28"...]. Num sei [...12"...]. Telefonado não [...]. É [...8"...].

g) INV.1 — O que o senhor tá querendo lembrar?
P. — Odila [...].
INV.1 — Hmmmm. (Sinal fático para estimular a continuidade.)
P. — Num tinha. Odila por favor e [...] telefonado. Num tinha mais.
INV.1 — Acabou a exposição?
P. — É. Acho que é.

Precisamos (com a mesma paciência) interpretar os vários episódios desse diálogo. Em (86a), supondo que P tivesse ido à exposição e encontrado fechada, questiono P sobre uma providência que poderia ter tomado ("por que não telefonou antes"). A resposta de P mostra sua dificuldade com a expressão de uma ação pela forma verbal (telefonei). Mas o recurso alternativo de que se serve indica vários avanços:

— embora em uma situação de ostensão, serve-se de uma forma flexionada verbal (ainda o verbo estar: "tá") e de um advérbio dêitico ("aqui");

— estrutura convenientemente a oração ("o número tá aqui");

— incorpora a imagem do interlocutor e corrige a imagem que aquele faz dele ("tá aqui, ó!") com alguma irritação;

— assume o seu papel de locutor, cobrando do investigador uma inferência a partir dos elementos que oferece (se o número do telefone tá aqui, você deve inferir que eu telefonei, mesmo que não diga "telefonei antes").

É justamente essa inferência que o primeiro investigador (eu) recusa e o segundo investigador tenta interpretar em (86b). A resposta de P a essa insistência dos investigadores mostra o mesmo procedimento de disjunção da expressão da dêixis (em um verbo suporte mais abstrato — "foi, foi") e a expressão do conteúdo semântico da ação a que ele chega somente em (86c) ("Telefonado"). Mas também estrutura convenientemente a oração — "Odila foi pra mim" ("Odila telefonou pra mim").

A insistência do investigador leva-o à forma verbal "telefonado" pronunciada de modo a "encerrar" o episódio: vocês não entenderam ainda? Odila tinha *te-le-fo-na-do*. Um primeiro sinal positivo é a escolha de um particípio passado; embora uma forma nominal, o particípio entra na composição das formas perifrásticas (tempos compostos do verbo) e, pelo seu aspecto perfectivo, orienta a interpretação para o passado (ao contrário dos infinitivos e gerundivos utilizados antes); observem a esse propósito que P já se havia utilizado dessa forma verbal na anotação da agenda — "fechado". Além disso, como no primeiro episódio deste diálogo, P organiza suas respostas de modo a também agir sobre os investigadores e assumir um papel na orientação do diálogo (particularmente sobre as condições de uma prática que lhe é penosa). Mas a resposta é insatisfatória, do ponto de vista dos investigadores, que esperam obter uma forma verbal complexa, flexionada (Odila telefonou) ou perifrástica (Odila tinha telefonado), isto é, a conjunção dos dois aspectos da função verbal a que me referi antes.

De fato, os episódios em (86d) e (86e) incidem inteiramente sobre esse problema. Em (86d), P reencontra uma alternativa que já vimos em ocasiões anteriores, mas que mantém a disjunção: *"Telefo-*

nado. Odila *viu* pra mim", estruturando bem a oração. P não consegue uma resolução completa nem retomando a fala do segundo investigador: "Ela *tinha telefonado*". Na seqüência, o primeiro investigador reformula o foco da questão (*"quem* telefonou") e P se embaraça definitivamente. É levado a uma forte tensão, com silêncios muito longos, respeitados agora pelos investigadores.

Ao retomar o diálogo em (86f) o segundo investigador volta a questões já resolvidas, o que desacerta P por um momento. Este entretanto retoma seu papel e corrige a orientação do diálogo. O interessante é notar que P o faz justamente por uma incorporação tardia (uma forma de especularidade diferida, no sentido de De Lemos, 1981, 1982) de uma parte ("tinha") de um turno anterior do segundo investigador — "Não, não é... Como é que chama? é... Como é que chama é... *Odila ela tinha...*". Usa agora o auxiliar "tinha" e diante da insistência do primeiro investigador inclui no mesmo turno "tinha" e "telefonado" mas, ainda, com grande dificuldade em compô-los ("tinha ...num sei... telefonado não...").

O exemplo (86g) mostra uma última tentativa de P em incorporar os elementos e recursos alternativos que ele foi levantando durante todo o diálogo. Mesmo não conseguindo estruturar sua resposta em uma sintaxe "canônica", ele a organiza em todas as suas peças, atribuindo a cada um dos elementos recuperados dos turnos anteriores sua função: "num tinha. Odila por favor e ... telefonado. Num tinha mais". Qualquer coisa como: Foi Odila quem telefonou para mim. Não tinha mais: a exposição estava fechada. Observe que "tinha" — que vinha sendo retomado da fala do segundo investigador e não convenientemente incorporado em sua função de "auxiliar" — encontra agora um certo papel, diferente mas eficaz. E (moral da história) nenhum dos contendores acabou muito satisfeito com a solução: "Acabou a exposição?" "Acho que é".

Se puderam seguir-me com paciência terão observado as dificuldades de P e sua evolução em relação a fases anteriores. Um resumo, neste ponto, permitirá caracterizar a linguagem de P nesse momento:

(a) Continua dependente dos interlocutores para a elaboração de sua dificuldade, mas assume, em ocasiões propícias, seu papel na interação: age sobre os interlocutores para alterar a situação e as instâncias discursivas servindo-se adequadamente de procedimentos inferenciais na construção do sentido.

(b) Sua dificuldade ainda é a expressão das formas verbais flexionadas, mas recorre já sistematicamente à alternativa de expressar de um lado as relações dêiticas (mediante advérbios ou mediante certos verbos-suporte "foi", "viu") e de outro o conteúdo lexical do verbo. Anote-se a conjunção parcial desses aspectos semânticos no particípio passado ("telefonado").

(c) Tendo evocado os elementos necessários à construção de suas expressões, estrutura convenientemente algumas orações; outras vezes ordena esses elementos em uma seqüência (numa "protosintaxe") sendo relativamente bem-sucedido na manifestação de sua intenção significativa.

(d) Na medida em que a resolução da dificuldade se serve de elementos produzidos no percurso do diálogo, insiste-se na importância do processo de reconstrução da linguagem em situações dialógicas, quanto possível espontâneas. Advirta-se que P começa a servir-se, embora parcialmente, do processo de especularidade na reconstrução da linguagem a partir do outro.

7.2. Evolução de P em situações de narrativa espontânea

Nas narrativas (e isso será também observado no caso de N) se reduzem os problemas de ajuste recíproco com o interlocutor: é P que assume o domínio da fala sem que as interferências daquele o obriguem a contínuos reajustes em diferentes instâncias discursivas. Como é de esperar-se (se minha hipótese de trabalho está correta), deve observar-se uma evolução mais acentuada na resolução dos problemas lingüísticos nas situações de narrativa espontânea. E assim é de fato. Volto aos exemplos:

(87) [19-09-85: P entra atrasado na sala em que se passam as sessões semanais.]

    a) P.   — Quebrô [...] ônibus.

          INV. — O quê? (Dito quase simultaneamente à parte final do turno de P.) Qual ônibus quebrou?

b) P. — Lá em casa, ó (apontando-se). Como é que chama? É [...8"...].

INV. — [Volta sua atenção para examinar a agenda de P.]

c) P. — (Interrompendo o que os investigadores estavam fazendo e falando mais alto do que o habitual para chamar sua atenção.) *Ônibus* quebrô. (Acentuando "ônibus".)

INV. — Eu sei que quebrô. Mas aí o que aconteceu?

d) P. — Nada né. Fiquei meio [...].

INV. — Meio o quê?

P. — Meio [...], meio [...]. Como chama? Meio [...].

INV. — Nervoso?

P. — Um pouco, né?

e) INV. — Mas aonde quebrô o ônibus?

P. — Lá em casa. Perto de casa.

INV. — Perto de sua casa?

P. — É.

f) INV. — E aí? Quebrô como ... quê que aconteceu no ônibus?

P. — Até agora.

INV. — O motorista teve que descer?

P. — É.

g) INV. — Quanto tempo ficou parado?

P. — Ah! num sei. Eu num sei não.

h) INV. — O ônibus continuou ou vocês tiveram que trocá de ônibus?

P. — (Resposta sobrepondo-se a "que trocá...") Foi embora. Eu fui em, eu fui na outra.
INV. — Em outra o quê?
P. — Ônibus.

Começo por inventariar os fatos relevantes deste diálogo. P mostra um novo passo em sua evolução: com exceção de uma passagem, em (87f), ele obtém sucesso na expressão das formas verbais flexionadas exigidas para sua intervenção nos vários turnos do diálogo. De fato:

— em (87a) descreve convenientemente o acontecimento pela expressão do processo no passado perfectivo ("quebrô") e pelo seu argumento ("ônibus") embora sem compô-los em um único ato de fala; mas

— em (87c), depois de uma reelaboração epilingüística silenciosa, interrompe os investigadores com novo achado: uma oração perfeitamente estruturada — "ônibus quebrô" — substituindo na posição de tópico da oração "quebrô" por "ônibus" (sujeito gramatical no caso);

— em (87d), expressa na flexão do verbo-cópula ("fiquei") o mesmo aspecto e tempo e, embora não explicite lexicalmente o predicado (qualquer coisa como "nervoso" que virá de minha sugestão) mostra ter em mente a estrutura completa da oração (compare-se com a dificuldade, no exemplo anterior, de compor "tinha" com "telefonado");

— em (87g), observe-se que o verbo "saber" já não é usado como em ocorrências anteriores, referindo-se à sua dificuldade lingüística, mas tematiza um desconhecimento objetivo sobre aspectos do processo; aí também a forma verbal é convenientemente flexionada e a oração estruturada canonicamente;

— finalmente, em (87h), descreve sua atividade com a explicitação do verbo — "Foi embora [o ônibus]. Eu fui em, eu fui na outra [viagem?]" — sem problemas na organização da oração.

Trata-se de cinco ocorrências de verbos flexionados, certamente um avanço para quem, como o leitor, conhece já a evolução lingüística de P e suas dificuldades gramaticais. Estas não estão, é claro, superadas inteiramente. Sua dificuldade com a evocação de "nervoso" (ou outro predicativo) é da mesma natureza que sua dificuldade com a especificação semântica (lexical) do verbo. Também em (87f), à questão sobre o que acontecera no ônibus, P responde com uma expressão fragmentária "até agora" cuja interpretação não pode ser feita pelo processo habitual no diálogo de integrar o próprio turno no turno precedente do interlocutor; tem-se que ir mais longe para atribuir-lhe uma significação como "o ônibus está lá quebrado até agora". Compare-se a solução de (87f) com outras manifestações aparentemente fragmentárias como a de (87e): "lá em casa; perto de casa": neste caso a expressão segue a forma habitual das construções no diálogo, estruturando-se no meu turno anterior ("aonde quebrô o ônibus?"). De outro ponto de vista, porém, esse último trecho comentado revela um outro aspecto de suas dificuldades: as preposições são, como os verbos, palavras funcionais relatoras; é interessante notar que em sua primeira forma ("lá em casa") P se serve de uma preposição locativa muito includente ("em") para somente depois especificá-la mais punctualmente ("perto de").

Embora P efetue assim bem a conjunção dos aspectos predicativos e dêiticos do verbo em português, continua mostrando dificuldades em relação à expressão da dêixis nominal (isto é, a que toma nomes como termos da relação dêitica estabelecida com a situação enunciativa). "Ônibus", por exemplo, deixa de ser especificado nesse sentido, o que provoca minha questão "o quê". Outro sintoma é sua insegurança na seleção do artigo em (87h) (e conseqüentemente no gênero gramatical):

— Foi embora. Eu fui *em,* eu fui *na* outra.
— Em outra o quê?
— Ônibus.

Mas mesmo nesse caso ele evidencia franco progresso: no caso da especificação dêitico-delimitativa de "ônibus", P recorre a uma expressão alternativa e a um gesto demonstrativo ("lá em casa, ó" [apontando-se]), isto é, começa a incorporar em seu discurso as estratégias que vínhamos utilizando na prática clínica; e no caso de (87h) a oscilação na escolha mostra o percurso de uma resolução parcialmente adequada pela explicitação final do artigo.

Um outro aspecto importante é o de que nesse processo de reelaboração P se serve dos elementos que elabora em sua própria prática construtiva. É uma característica de P sua dificuldade em constituir-se frente ao interlocutor e constituí-lo como interlocutor. Por isso ele dificilmente consegue utilizar-se de promptings, a não ser que estes incidam sobre algo sobre que esteja operando epilingüisticamente. Nesse sentido observe-se que assim ele procede em várias passagens:

— quando os interlocutores [em (87b)] se distanciam do diálogo examinando a agenda, P continua esse processo, retomando sua própria fala e reconstruindo seu primeiro turno: "quebrô [...] ônibus" ⟶ "ônibus quebrô";

— em (87e) quando também retoma uma expressão anterior — "lá em casa", para reformulá-la: "perto de casa";

— no procedimento referido de (87h): "eu fui em, eu fui na outra".

Diante da evolução de P, eu me animo em trabalhar já com formas verbais expressando diferentes tempos e aspectos. Um exemplo mais recente, que deixarei sem comentários, ilustra o procedimento:

(88) [23-05-86: investigador e P conversam, vendo um álbum de retratos do investigador. Na foto em questão, a investigadora se encontra ao lado de uma fonte em Tívoli.]

INV. — Como é que está essa água aqui? (Mostrando o espelho de água formado pela fonte.)

P. — Essa aqui é [...] bara... barada, parada.

INV. — Essa aí é parada.

P. — Agora, essa aqui é [...] Caiu, está caiu, né? (Alongando "caiu" mais do que o necessário, como buscando a forma "caindo".)

INV. — Já caiu?
P. — Ainda não.
INV. — Então como ela tá?
P. — Parada tá aqui. (Mostrando o espelho de água.)
INV. — Ela vai...
P. — Vai cair, vai cair.
INV. — Então ela está...
P. — Caindo, caindo.
INV. — Isso.

Esse trabalho com as flexões verbais é bem compreendido por P. Ele tem consciência de sua dificuldade; mais que isso, ele aprende comigo as regras desse jogo conversacional, percebendo o propósito de reelaboração das expressões em que mostra dificuldade. Esse tipo de atitude, P a transfere já para fora das sessões semanais, servindo-se da cumplicidade negociada com sua irmã, Odila. Na mesma época do exemplo (88), P teria que passar a essa irmã um recado que recebera por telefone:

(89) [25-05-86]
P. — Bruno, carro.
O. — Num entendi.
P. — Foi a Maza (apelido da autora), né? (Refazendo a construção anterior:) *O Bruno precisa do recibo carro hoje.*

Odila telefonou-me logo em seguida, relatando o diálogo com o entusiasmo de ter observado um grande sucesso. E de fato. P refere-se a mim por compreender que Odila fazia meu papel na insistência por uma oração mais acabada. Em sua resposta, P inclui o verbo convenientemente flexionado, utiliza os determinantes nominais, usa pelo menos uma das preposições, serve-se de um advérbio dêitico e, enfim, estrutura adequadamente toda a oração.

Para concluir, deixem-me completar o quadro que organizei no final do parágrafo 6 deste capítulo, indicando os progressos verificados na evolução de P, nos episódios em que ele consegue já manter um diálogo ou organizar um relato espontaneamente:

Apresenta ainda dificuldades na expressão da forma verbal e na estruturação da oração, especificando a ação ou processo envolvidos mediante argumentos (objetos e participantes da ação). Confiram-se os exemplos (82) e (83). Em sua evolução nota-se:

a — início da expressão das relações dêiticas, servindo-se de alguns verbos mais genéricos como suporte da dêixis e expressando o conteúdo lexical do verbo mediante infinitos ou nominalizações ["Chuva, chuva, caiu ontem" (85)];

b — às vezes, depois de passar pelo processo anterior chega à forma verbal esperada ("Ontem foi... Choveu" (84)), unindo a forma lexical às flexões dêiticas;

c — dispondo já das formas verbais, consegue, em alguns casos, organizar a oração ["Ontem caiu chuva" (85), "Odila viu pra mim" (86)], embora apresente ainda grandes dificuldades nesse passo ["Num tinha. Odila por favor e [...] telefonado. Num tinha mais" (86)];

d — em relatos e situações espontâneas de discurso, vem finalmente obtendo sucesso no uso das formas dêiticas (determinantes nominais e flexões verbais) e estruturando convenientemente as orações ["ônibus quebrô", "Foi embora. Eu fui em, eu fui na outra" (87); "Bruno precisa do recibo carro hoje" (89)].

CAPÍTULO 7

As dificuldades lingüísticas de N

N nasceu em 19 de outubro de 1923, italiano, radicado no Brasil desde 1947. Em 12 de setembro de 1983, segundo informações de familiares, apresentou "perda da fala". Cinco dias depois, durante o exame neurológico, demonstrou respostas monossilábicas, fraqueza do lado direito e perseveração na execução de comandos. A hipótese de diagnóstico é um Acidente Cerebral Vascular (AVC) hemorrágico. O primeiro exame tomográfico, do dia 8 de setembro de 1983, mostra área de atenuação de forma arredondada, limites pouco nítidos, sem efeito expansivo, não captante, na região fronto-parietal esquerda, ao lado do corno anterior do ventrículo lateral. Em 13 de setembro de 1983, foi feita uma craniotomia temporo-parieto-frontal esquerda. Em 14 de dezembro de 1983, o segundo exame tomográfico mostra o seguinte "status" pós-craniotomia: área de gliose correspondente, sem evidência definitiva de lesões expansivas intracranianas. N foi encaminhado ao serviço de avaliação de linguagem em 29.09.83 e acompanhado até fevereiro de 85.

Dos dados que tenho de N — obtidos durante um ano e cinco meses de acompanhamento longitudinal — selecionei alguns episódios dialógicos e narrativas que revelam suas dificuldades lingüísticas nucleares. Além disso, procederei a uma análise comparativa de alguns resultados, em períodos diversos, do teste-padrão de denominação com o desempenho de N em situações discursivas. Das dificuldades lingüísticas de N, destacarei problemas tipicamente discursivos: como no caso do sujeito P, interesso-me mais pelos processos envolvidos na reconstrução da linguagem pelo sujeito. Do contraste entre a atividade de nomear contextualizada e a do teste decontextualizado, farei uma comparação evolutiva na tentativa de responder à pergunta: "para que serve a avaliação de linguagem?" e *a fortiori*, "para que serve o acompanhamento longitudinal de sujeitos afásicos".

Com a finalidade de estender as observações feitas durante a análise dos dados do sujeito P, e mostrar outros problemas que podem ocorrer com sujeitos afásicos, discutirei os seguintes pontos críticos da atividade lingüística de N:

a — processos especulares de aderência ao turno do interlocutor, que evoluem ao longo do acompanhamento longitudinal para processos mais complexos de complementaridade e reciprocidade;

b — dificuldades suplementares de ajuste de certos elementos à situação;

c — dificuldade em nomear: comparação entre o teste-padrão e diálogos e narrativas feitos nos mesmos períodos;

d — estratégias discursivas, utilizadas durante o acompanhamento longitudinal, que suprem em diálogos e narrativas sua dificuldade em nomear.

1. O papel da especularidade na reconstrução da linguagem de N

Como observamos mais longamente na parte teórica deste trabalho, os processos dialógicos que De Lemos (1981, 1982) descreve como governando a construção dos objetos lingüísticos pela criança em sua interação com o adulto foram observados na reconstrução da linguagem pelo sujeito afásico. Um desses processos é o de especularidade que indica a aderência do sujeito à fala e ao ponto de vista do interlocutor como um ponto de partida para sua interação com ele. Como já descrevemos, a especularidade se manifesta pela retomada, por parte do sujeito, de enunciados ou partes de enunciados proferidos pelo interlocutor em turnos anteriores do diálogo.

N, passados os meses iniciais de seu episódio neurológico, conseguia uma atividade lingüística mais satisfatória nas narrativas espontâneas (apesar de sua dificuldade de nomear) do que nos diálogos. Uma primeira hipótese de trabalho era a de que tal dificuldade decorria da diferença do estatuto de representação do interlocutor envolvida nessas duas modalidades discursivas. Ao contrário das narrativas em que N demonstrava alguma fluência e autonomia enunciativa, nos diálogos mostrava dificuldades de constituir-se e constituir-me como interlocutor.

Daremos dois exemplos, com cinco meses de diferença entre um e outro, para mostrar que o problema dos processos de especularidade é um dos pontos mais críticos de N. No entanto, essa aderência ao ponto de vista do interlocutor evolui para uma diferenciação e adquire assim um valor construtivo na reelaboração de sua linguagem.

(90) [16-02-84: investigador, N e sua filha, vendo o álbum de retratos de sua família.]

INV. — (Apontando para uma moça:) É sua sobrinha?

N. — Sim. Sua sobrinha.

INV. — Minha sobrinha?

N. — Não. Minha.

(91) [12-07-84: a mesma situação de avaliação do exemplo anterior.]

N. — Essa aqui é, minha cunhada... Esse aí é meu cunhado.

Filha — O que tia Zenilda é do senhor?

N. — É minha [...], minha [...], irmã de minha mulher.

INV. — Sua cunhada, não é?
N. — Sua cunhada.
INV. — Minha?
N. — Não. Minha cunhada.

No exemplo (90), N responde à questão do investigador retomando diretamente sua fala: "sua sobrinha", não efetuando ao nível dos elementos dêiticos ("sua", "minha") a mudança de orientação das relações em que ele, N, deveria substituir-se ao investigador como centro de referência. Isso caracteriza o processo de especularidade. Esse processo em (91) é mais complexo. Temos nele um fato interessante: N toma a iniciativa do diálogo e inicia "normalmente" com uma descrição, apresentando sua cunhada e seu cunhado: os possessivos estabelecem a relação dêitica adequada. Quando a filha interfere, ele tem dificuldade para referir-se às funções de parentesco que acabara de enunciar e recorre a uma perífrase — "irmã de minha mulher". Um primeiro sintoma de que N tem problemas para representar sua filha como interlocutora é o fato de que não utiliza a perífrase que seria mais natural nessa situação — "irmã de sua mãe" — o que envolveria a dificuldade de mudança de ponto de vista na relação dêitica "minha/sua".

A pergunta da filha tira N do lugar de quem está descrevendo para fazê-lo ocupar o lugar de interlocutor. É justamente essa conversão que é problemática para N, ou seja, ele tem dificuldade em manipular elementos lingüísticos (como os dêiticos) que lhe asseguram esse lugar. Sua dificuldade se agrava quando o investigador, estranhando a forma de sua resposta, lhe pede uma confirmação: "sua cunhada, não é?" o que o obriga (conversacionalmente) a lidar com sua dificuldade e a ajustar os elementos "sua/minha" à condição de ser, desta vez, o interlocutor.

N recorre especularmente, no diálogo, ao turno do investigador para estruturar o seu turno. É o passo intermediário que lhe possibilita modificar esta adesão imediata ("sua cunhada") para uma diferença intersubjetiva ("Não. Minha cunhada").

Comentarei, ainda, um exemplo da mesma época de (91):

(92) [12-07-84: investigador, N e sua filha conversam sobre olimpíadas e sobre futebol.]
INV. — O senhor é palmeirense?
N. — Eu sou. Mas...
INV. — Sou ou não sou?
N. — Sou.
INV. — Hmmmm.
N. — Sou Palmeiras, mas agora [...] que você tem?
INV. — Que que eu sou?
N. — Que que eu sou [...] mas [...].
INV. — Que que *eu* sou ("eu" fortemente acentuado.)
N. — É.
INV. — Eu torço pela Ponte-Preta.
N. — (Risos.) Puta-que-pariu!

Eu interpretei, inicialmente, a hesitação de N ("Eu sou. Mas...") como se quisesse acrescentar algum comentário negativo à sua afirmação ("eu sou palmeirense"). Por essa razão retomei a voz de N ("sou ou não sou?"), cobrando uma confirmação. Mas essa interpretação não era correta, como se pode observar pela continuidade do diálogo: N tinha dificuldades em diferenciar "eu sou" / "você é", o que estava interrompendo a fluência de sua fala. Tanto que ele reitera: "Sou Palmeiras mas, agora, ... *que você tem?*". Minha insistência provoca um processo de especularidade e um titubeio (o indício de uma pretendida expansão: "mas...") mostra o início de uma diferenciação em relação a mim, seu interlocutor.

Outra vez, observem-se as indicações de como N necessita passar por seu interlocutor para estruturar sua fala. Eu recuso a resposta, retomando sua fala e acentuando o "eu" para pôr em destaque a diferença entre uma incorporação especular e a resposta complementar esperada. Somente assim N consegue resolver sua dificuldade.

Vê-se, portanto, que a evolução de N, no que tange à resolução de problemas causados pela necessidade de aderir ao interlocutor, sob a forma de processos de especularidade, é lenta e instável. Apesar de utilizar processos de complementaridade e reciprocidade, como se observa em muitos outros exemplos, podemos concentrar sua dificuldade principal na questão da especularidade, visto que esta é fundamental para a reconstrução de processos dialógicos mais complexos.

A análise desses exemplos é iluminada pelas noções de De Lemos (1981, 1982b) no que tange à ordem no desenvolvimento dos processos dialógicos — especularidade, complementaridade e reciprocidade — pelos quais a autora explica a atividade de construção conjunta do diálogo pela criança e pelo adulto. Além disso, posso incorporar a proposta de Scarpa (1985a) de embricamento desses processos, ou seja, a relação de ordem de desenvolvimento segmental e supra-segmental na aquisição da linguagem. Nesses exemplos, podemos observar uma ordem semelhante: é o que ocorre com a modificação de sua resposta em (91) de *"sua* cunhada" (especularidade segmental e complementaridade intonacional) para "Não. *Minha* cunhada" (complementaridade segmental). Em (90) se observam a mesma ordem e os mesmos processos. Mas é bom destacar que o processo de complementaridade é produzido quando o interlocutor, através do processo especular, objeta ao uso inadequado da resposta especular de N, obrigando-o a diferenciar-se.

Isso nos mostra a importância do interlocutor como mediador e estruturador dessa diferença. De fato, nesses episódios, vê-se como os processos neles envolvidos são de enorme importância para a elaboração, por N, de sua dificuldade de diferenciar-se de seu interlocutor e assumir seu papel na interlocução. Embora durante o mesmo período N tenha conseguido, em outros episódios dialógicos, um bom grau de complementaridade e de reciprocidade na interação, há diversas ocorrências de situações como as dos exemplos (90) e (91) de processos de especularidade. Essa dificuldade não pode ser tomada simplesmente como uma "falha": De Lemos mostra bem o papel da especularidade não somente para o interlocutor organizar seu ponto de vista sobre o ponto de vista do outro, mas ainda como mediação para o processo posterior de diferenciação dos papéis discursivos. Os episódios de especularidade devem, portanto, ser considerados nessa perspectiva evolutiva dos diferentes processos dialógicos.

Antes de estender-me sobre esta linha de reflexão, vale a pena reler o exemplo (3):

    (93) [28-06-84: investigador e N conversando sobre as suas dificuldades lingüísticas.]
    INV. — A maioria das coisas o senhor consegue falar?
    N. — Consegue, consegue, consigo.

Esse exemplo revela a mesma necessidade de N de aderir antes ao interlocutor para passar a uma resposta complementar. No entanto, a passagem da "fusão" para a "diferenciação" (Scarpa, 1985) é feita em um só turno que, considerando-se a seqüência toda — "consegue, consegue, consigo" — é complementar e dispensa a interferência do interlocutor. Ou seja, é o próprio N quem se dá conta da especularidade segmental ("consegue, consegue") e complementaridade intonacional caracterizada pela intonação de resposta, para uma complementaridade segmental e intonacional ("consigo"). Observamos, portanto, uma evolução no modo de N reelaborar essa dificuldade específica e o quanto a especularidade é um elemento estruturador do segmento complementar. Esse processo de reconstrução, mesmo que envolva processos epilingüísticos de autocorreção, é condicionado e instaurado pela mutualidade do diálogo.

Aprofundemos um pouco esse ponto: é quando N incorpora parte do enunciado de seu interlocutor que ele justamente organiza seu turno. Esta incorporação, além de ser um índice de interação entre N e o investigador, mostra que, ao tomar o ponto de vista do investigador, N cria um "lugar vazio" dentro de seu próprio turno. No entanto, dessa aderência imediata emerge a diferença necessária no seu dizer. Esta análise é inspirada pela reflexão de Irigaray a respeito do acesso da criança, como sujeito, na linguagem (cf. pp. 69-70). A especularidade inicial de N decorre da maneira pela qual o investigador se refere a ele ("o senhor consegue");

nesse sentido, a via de acesso de N no processo dialógico é a mesma de seu interlocutor, ou seja, um lugar já ocupado, o que o faz experimentar, segundo a autora, um "gosto de destituição".

É exatamente nesse sentido que uma avaliação de linguagem que se assenta sobre diálogos e relatos pode, ao mesmo tempo que levanta uma série de fatos, abordá-los de modo a utilizar-se do valor construtivo no processo de reelaboração de determinados problemas de linguagem. Seria interessante contrastar esse procedimento com a descrição tradicional dos fatos apresentados acima.

A literatura afasiológica (ver, por exemplo, Lebrun e Leleux, 1979) descreveria ocorrências como *"consegue, consegue,* consigo", *"sua* cunhada" e *"sua* sobrinha", dos exemplos anteriores, como "resposta em eco" e "não; *minha* cunhada" e "sim; *sua* sobrinha" como "contaminação". Esses autores distinguem a primeira noção da segunda, definindo resposta em eco como a retomada, na resposta, de palavras ouvidas na pergunta, e contaminação como a utilização em lugar inapropriado de um termo que o paciente acabou de ouvir. Minha análise, entretanto, preocupa-se não somente em identificar tais fenômenos e distingui-los, mas em encontrar uma via explicativa para eles, levando em conta a natureza dos processos lingüísticos em jogo — especulares e complementares — e o valor construtivo que adquirem na reelaboração da atividade lingüística dos sujeitos afásicos. Deste modo, afasto-me de uma perspectiva meramente descritiva de sintomas (como, entre outros exemplos, resposta em eco e contaminação) de que se utiliza a avaliação vinculada a uma tipologia de afasias e opto por investigar problemas específicos que emergem no processo de reconstrução dos objetos lingüísticos.

2. Comparação das produções lingüísticas de N em situações contextualizadas e em situações decontextualizadas

A literatura afasiológica tem-se referido à diferença quantitativa e qualitativa dos dados obtidos sobre as dificuldades lingüísticas do sujeito afásico em situações de testes-padrão e em situações de conversação espontânea. Farei uma comparação entre os resultados da atividade lingüística de N nessas duas situações. O sentido desta comparação não é o de fazer uma análise quantitativa nem confirmar ou infirmar hipóteses descritivas, mas o de observar os seguintes pontos:

a — manutenção de resultados equivalentes no teste-padrão e evolução na utilização de nomes em episódios discursivos;

b — indicar que o processo terapêutico de sujeitos que têm dificuldade na evocação de nomes não deve incidir no procedimento de nomear ("o que é isto?", "como se chama isto?"), mas visar à reconstrução da atividade lingüística (no caso oral) cujo funcionamento se dá em situações de discurso.

A comparação com os testes-padrão foi feita ou no mesmo dia ou respeitando um mesmo momento de evolução do sujeito. Utilizo-me, como venho fazendo, de diálogos produzidos seja nas sessões semanais, seja nas diversas atividades descritas antes.

Vou estudar três pares de exemplos: de um lado diálogos ou narrativas e de outro testes-padrão. Sua comparação mostra uma diferença quantitativa no uso de nomes em situações discursivas (diálogos e narrativas espontâneas) em relação a situações de tarefa decontextualizada dos testes de nomeação.

(94) [23-02-84: investigador e N observam a agenda onde está registrada uma viagem de N a Sorocaba. N relata essa viagem.]

N. — Saí às treze e trinta, cheguei em *meia hora* e fui procurar o *freguês* para entregar a *bomba injetora*. Aí ele me entregou outra de volta e vim embora. Fui na *propriedade* dele, dentro da *cidade*, uma *loja*.

(95) [23-02-84: teste de nomeação a partir de fotos ("o que é isso?"). Cada sílaba grifada corresponde a um prompting fornecido pelo investigador diante da dificuldade de evocação do nome por N.]

1 — *agen*da   6 — *ca*derno
2 — *ál*bum   7 — *qua*dro
3 — *bol*sa   8 — *cadei*ra
4 — *re*lógio   9 — lixo
5 — *venti*lador   10 — *ca*neta

O exemplo (94) é perfeito do ponto de vista da utilização dos nomes. N utiliza seis deles, dos mais diferentes domínios semânticos, sem necessidade de recorrer ao apoio (ou promptings) do investigador. Trata-se de um caso de narrativa espontânea e nele se vê a importância da contextualização para a reconstituição da linguagem por parte do sujeito afásico. Essa eficácia fica mais evidente se o comparamos com (95). Os nomes deviam ser evocados pela apresentação de fotos e uma pergunta metalingüística dos exercícios de nomear. O resultado da evocação dos nomes é mínimo (1/10), considerando-se que para nove deles necessitou de promptings, e em três destes o prompting teve que ser estendido à segunda sílaba.

Os exemplos seguintes são de dois meses depois. Os dois trechos de (96) são retirados de diálogos maiores registrados com poucos dias de diferença.

(96) a) [05-04-84: investigadores, N e sua filha conversam sobre o fato de N querer tirar o transformador de seu sítio, fechar a cadeado a porteira para impedir o acesso dos funcionários da Eletropaulo.]

N. — Era pra arrumar ontem. Nós vai acompanhar tudo. Vou descer o (clic com a mão para pedir apoio do investigador) *trans*formador. Vou fazê por minha *conta* porque *Luciano* não quer lá (gesto de porteira). Ponho *transformador* e *gabinete* (gesto representativo de cadeado) e a *Eletropaulo* não entra mais pra medir a *força*. Daí eu fecho e abro. Tem que mudar *tudo*.

b) [12-04-84: investigadores, N e sua filha conversam sobre o mesmo fato.]

N. — Nós briga os dois, eu com o *Luciano*. Ele não quer tirar o *transformador*. Eu quero. Ele qué deixá como tá.

Filha — Os homens não têm culpa da Eletropaulo!

N. — E a *culpa* é minha? O *resto* que se vire. Eu tô com a *razão,* mandei embora o *fio.* A *Eliana* falou com o *Luciano?* E o que ele falou? (dirigindo-se à filha e prosseguindo sem esperar resposta) Sabe o que a *Light* falou? Que só meu *sítio* tem esse *fio* com o *transformador*.

Em (96a) observamos que N teve alguma dificuldade com dois dos oito nomes incluídos no relato: necessitou de um prompting para evocar "transformador" e utilizou "gabinete" para referir-se a cadeado. Mas é importante notar que N recorre a alternativas e orienta ativamente a solução dessas dificuldades: cobra por um "clic" das mãos o prompting e acompanha "gabinete" por um gesto representativo. (Poderia ter usado uma descrição, uma série de atributos ou outras formas de expressão. Na verdade, fora trabalhado por mim no sentido de conviver com suas dificuldades e servir-se desses recursos para evitar a ruptura de um relato ou diálogo, inclusive a saber variá-los com interlocutores desconhecidos. É claro que o "clic" solicitando um prompting era eficaz na situação de acompanhamento, comigo ou com outro investigador.) Já em (96b), N utiliza doze nomes espontaneamente, entre os quais o mesmo nome "transformador" e alguns nomes próprios que lhe eram mais difíceis de evocar, sem qualquer dificuldade.

Compare-se esse desempenho com os resultados dos testes de nomear de um período pouco posterior: (97a) e (97b). No primeiro deles, realizado com a apresentação de objetos, necessita do prompting para cinco nomes, um dos quais evocado somente depois de prompting estendido, e não consegue responder a um deles (utilizando uma alternativa de identificar o objeto por sua função). Os resultados (4/10) são pois bem negativos, e mais ainda os do teste seguinte (3/10) em comparação com os que se obtém no discurso espontâneo.

(97) a) [24-05-84: teste de denominação a partir de objetos.]

1 — *reló*gio
2 — *ca*neta
3 — lápis
4 — *bol*sa
5 — (lixo: respondeu para que serve)
6 — cadeira
7 — *sa*pato
8 — papel
9 — camisa
10 — *cal*ça

b) [24-05-84: teste de denominação a partir de fotos.]

1 — *mon*tanha
2 — *la*go
3 — flores
4 — *cé*u
5 — *nu*vem
6 — *árvo*re
7 — *fol*ha
8 — cume
9 — *pinhe*iro
10 — neve

A comparação dos exemplos seguintes me parece ainda mais significativa. De fato, no caso de (98), minha questão leva N a responder por uma série de nomes (muito semelhante à que se pede nos exercícios de listagem). Isso mostra bem a diferença de desempenho em situação de teste e em diálogo contextualizado. Neste, esse elencamento não lhe causa qualquer dificuldade e os sete nomes listados não exigem de N a busca de qualquer recurso alternativo. Compare-se com o resultado (3/10) do teste de denominação de objetos feito no mesmo dia (exemplo 99):

(98) [03-05-84: investigadores e N examinam a agenda onde estava registrado: "casamento".]

INV. — O que o senhor comeu no casamento?
N. — *Sanduíche, presunto, salgadinho, doce.*
INV. — E bebida?
N. — *Refrigerante* e *cerveja.*

(99) [03-05-84: teste de denominação a partir de objetos.]

1 —	*agen*da	6 —	*cami*sa
2 —	relógio	7 —	óculos
3 —	*li*vro	8 —	*ci*nto
4 —	aliança	9 —	meia
5 —	sapato	10 —	*cader*no

Os dois últimos exemplos desta série mostram o desempenho de N especificamente na evocação dos nomes próprios. Nos testes de denominação padrão, procuramos evocar nomes de pessoas em evidência cuja função e profissão N foi capaz de reconhecer. O escore é nulo em ambos os testes exemplificados: (0/7) e (0/10). Ao contrário, em um diálogo produzido aproximadamente três meses antes, N foi capaz de enunciar nomes de políticos proeminentes sem qualquer dificuldade:

(100) a) [26-07-84: teste de denominação de nomes próprios a partir de fotos.]

1 —	*Mon*toro	5 —	*Sócra*tes
2 —	*Quér*cia	6 —	*Sergi*nho
3 —	*Malu*f	7 —	*Aureli*ano
4 —	Luiz *Gon*zaga		

b) [16-08-84: teste de denominação de nomes próprios a partir de fotos.]

1 —	*R*oberto Carlos	6 —	*Sar*ney
2 —	*Chico Bu*arque	7 —	*Sílvi*o Santos
3 —	*Alcio*ne	8 —	*Aureli*ano
4 —	*Malu*f	9 —	*Figueir*edo
5 —	*Andre*azza	10 —	*Gei*sel

(101) [26-04-84: investigador, N e sua filha conversam sobre as eleições diretas, no dia seguinte da votação da emenda Dante de Oliveira.]

INV. — O que o senhor achô?

N.　— Mais quatro anos! Quem vai ser...!?

Filha —	Vai ser o calhorda do Maluf.
N. —	Puta-que-pariu! Deveria ser o *Aureliano*.
INV. —	O senhor acha que ele seria um bom presidente?
N. —	Foi para os *Estados Unidos,* pra cá, pra lá... É bom!
INV. —	Se saísse eleições diretas em quem o senhor votaria?
N. —	Num sei. *Brizola*... Mais não é fácil. Devia ser minero.

No diálogo N enuncia com facilidade os nomes próprios relevantes na situação; o único que não enuncia ("Tancredo") está aludido por uma característica ("minero") e facilmente identificável no contexto.

As comparações feitas entre esses exemplos são suficientes para mostrar que se confirma a hipótese sobre o melhor desempenho do sujeito afásico na resolução de suas dificuldades em discursos espontâneos, diálogos ou narrativas. Como já observei em várias partes deste trabalho, o que distingue principalmente as condições de produção nessas situações das situações de teste-padrão é:

— a contraposição entre uma atividade lingüística (linguagística) em que o sujeito dá forma a suas experiências e vivências em um trabalho de construção da significação e uma atividade metalingüística que incide sobre a linguagem ela mesma (questões sobre léxico, sobre recursos expressivos, sobre relações semânticas, etc. do sistema lingüístico em questão);

— o fato de que a atividade lingüística é contextualizada, incorporando todas as condições de produção do discurso, sobretudo as relações entre os interlocutores, seu mútuo conhecimento, pressuposições de que partilham, ao contrário da decontextualização das situações de teste: num caso, a interação entre os participantes do discurso leva à elaboração conjunta da significação; no outro, estabelece-se forte assimetria tirando ao sujeito afásico a possibilidade de orientar o discurso e reduzindo sua participação ativa;

— o fato de que, na situação efetiva de discurso, o sujeito afásico desenvolve uma grande atividade epilingüística, podendo formular hipóteses sobre sua linguagem e sobre o uso das alternativas de que dispõe operando, livremente, sobre uma multiplicidade de recursos expressivos, ao contrário da rigidez da tarefa visando a obter uma resposta "certa", delimitada pelas condições do teste.

Resta-me, porém, mostrar que a prática clínica é a que mais se beneficia da utilização dos processos discursivos mais dinâmicos. De fato, a questão fundamental deste trabalho não é a de examinar os aspectos patológicos da linguagem do sujeito e as condições em que melhor sejam auferidos para procedimentos tipológicos, mas para avaliar, na prática com o sujeito, os processos de reconstrução de sua linguagem. Devo, por isso, mostrar que os resultados das comparações acima correspondem a um momento da evolução do sujeito e subseqüente a uma intensa multiplicação de situações de diálogo. A comparação deve, pois, estender-se às primeiras manifestações de N. Os exemplos a seguir são da primeira fase do acompanhamento:

(102) [22-12-83: iniviesgador pediu a N que contasse o que o levou a ter problemas com a linguagem.]
N. — Fiquei ruim. Tranquei a boca e pronto.
INV. — Ci... (Prompting para "cirurgia".)
N. — [...]
INV. — Cirur... (Extensão do prompting.)
N. — [...]
INV. — Ope... (Prompting para "operação".)
N. — [...]
INV. — Opera... (Extensão do prompting.)
N. — [...] paralisia [...] infantil.

(102) é um exemplo típico do desempenho de N nessa fase. Vários aspectos impressionam nele. Em primeiro lugar, N não consegue servir-se do prompting fornecido por mim e isto rompe a continuidade discursiva e a interação no diálogo. Nas atividades posteriores

que estudamos, a dificuldade de nomear não compromete a continuidade discursiva (sobretudo porque N e os investigadores já dominam o jogo das relações dialógicas e dos recursos alternativos à disposição), ao contrário do episódio de (102). N não consegue nem relatar sua experiência (atividade em que terá [como vimos] um desempenho excelente dois meses depois). Na prática dialógica, houve progressos palpáveis que se tornam mais e mais evidentes à medida em que o acompanhamento se estende no tempo. Já nos testes-padrão, os resultados são praticamente os mesmos, com mínima variação de escores. Compare o leitor os resultados dos testes já examinados com o teste-padrão do exemplo (103) feito na mesma data do exemplo (102). Coloco entre colchetes o nome dos objetos apresentados; as respostas consideradas, na coluna ao lado, foram as obtidas sem prompting e sem procedimentos de indução.

(103) [22-12-83: teste de denominação a partir de objetos.]

1 —	[bolsa]	bolsa
2 —	[papel]	...
3 —	[caneta]	...
4 —	[porta]	...
5 —	[janela]	...
6 —	[cortina]	...
7 —	[cheque]	cheque
8 —	[óculos]	...
9 —	[chave]	...
10 —	[carteira de motorista]	...
11 —	[carteira de identidade]	...
12 —	[carteira]	...
13 —	[dinheiro]	dinheiro
14 —	[moeda]	...
15 —	[relógio]	relogio
16 —	[ficha de telefone]	...
17 —	[cigarro]	cigarro

O resultado deste teste (5/17) comparado com os escores dos testes anteriores (1/10, 3/10, 4/10), não mostra qualquer evolução ou mudança significativa.

A diferença aqui examinada não está vinculada necessariamente à situação de tarefa de teste, mas à mudança de uma perspectiva lingüística para uma perspectiva metalingüística. Isto é, se em uma situação espontânea de diálogo o investigador altera o ponto de vista e faz questões metalingüísticas do tipo — "o que é isto?", "como chama isto?" —, pouco relevantes para os propósitos discursivos (e que só têm sentido na boca de um examinador ou de um "chato"), N se comporta do mesmo modo que nas situações de teste e com as mesmas dificuldades. Observe o exemplo (104) que é um dentre outros típicos dessa situação:

(104) [23-02-84: relato sobre a ida de N à casa do filho para alimentar os cachorros enquanto este estava em viagem.]
N. — *Luciano* viajou e *cachorro* só aceita eu. Come *comida* no *prato, comida de cachorro.*
INV. — Como chama essa comida?
N. — [...]
INV. — Ra... (Prompting para "ração".)
N. — Ração.

No início do relato esponeâneo [como nos exemplos (94) e (96)] N construía perfeitamente sua expressão, servindo-se sem problemas de diversos nomes. O fato de ter recorrido à perífrase "comida de cachorro" (= ração) não prejudicou em nada a atribuição de sentido por parte do investigador à fala de N [como poderia ocorrer com o uso de "gabinete" por "cadeado" em (96)]. Mesmo que N tivesse recorrido a uma estereotipia (como "gabinete" ou "pastel", "sabugo" que N usava muito) em lugar de "comida de cachorro", o ajuste dos interlocutores na situação discursiva era tal que a interpretação estaria garantida. Não havia, portanto, para os propósitos do discurso, necessidade da questão metalingüística que lhe fiz: nesse ponto, N se embaraça e necessita do prompting para chegar ao nome, tal como nos testes de denominação em que o contexto não facilita a emergência do nome.

Como discuto desde o início com o sujeito não somente seu estado patológico mas os procedimentos de avaliação e acompanhamento, N é capaz de formular hipóteses sobre seu próprio estado e sobre o valor e eficácia das estratégias utilizadas. Por exemplo, logo depois da aplicação do teste-padrão de denominação (103), mudei a orientação das perguntas inserindo uma delas na situação imediata. N não somente respondeu prontamente como acrescentou um comentário avaliativo sobre a diferença de seu desempenho nas situações que estou descrevendo:

>(105) [22-12-83: após a aplicação de um teste-padrão de denominação sob objetos, o investigador desloca a questão para o próprio N.]
>INV. — O senhor está sentado onde?
>N. — Cadera. *Se você tivesse perguntado o nome, eu não sabia; mas assim lembro. Se pergunta o que é isso, não sei.*
>[Passa um ônibus fazendo grande barulho e o investigador imediatamente pergunta]
>INV. — O que é isso?
>N. — [...] Num sei.
>INV. — Isso que o carro faz, o ônibus faz, o avião faz... Fica no nosso ouvido o tempo todo...
>N. — (Quase interrompendo o turno do investigador) Barulho.

O exemplo fala por si.

3. Alguns cuidados na utilização de procedimentos heurísticos e avaliativos

Pensando em delimitar o problema da especularidade com mais precisão, introduzi algumas estratégias dialógicas artificiais, apresentando a N fotos, quadrinhos, etc. e formulando questões (como fizera a P). O procedimento, porém, mostrou-se inútil para N; como se viu, para resolver seus problemas N necessita, muitas vezes, retomar segmentos da fala de seu interlocutor, como uma passagem intermediária, para conseguir diferenciar-se dele e resolver sua dificuldade. É bom observar que não é porque o procedimento foi eficaz para delimitar as dificuldades lingüísticas de P que será necessariamente eficaz para N.

De fato, constatamos justamente o contrário: o tipo de pergunta — "o que x está fazendo?", "o que está acontecendo?" — provocava em N uma descrição do tipo nomear ou etiquetar gravuras, de qualidade muito inferior ao que já fazia em narrativas espontâneas. Além disso, o seu problema não é com a descrição de ações e situações, mas com estruturas discursivas envolvidas no diálogo. Observamos, ainda, que esse procedimento artificial e decontextualizado, aumenta sua dificuldade de nomear, minimizada nas situações discursivas pelos múltiplos fatores da situação.

No episódio em que examina os oito quadrinhos já descritos no exemplo (38), observem o insucesso de N:

(106) [24-05-84: quadro com oito cenas:]

1) N. — A [...] professora está deitada.
2) N. — Ele está banhando a água.
3) N. — Serve a [...] essa aqui serve [...]. É fogo!
4) N. — Ele [...]. Não sei.
5) N. — Ele fala (gesto de telefone) no [...]
   INV. — Te...
   N. — Telefone.
6) N. — Ele toma uma bebida.
7) N. — Não sei.
8) N. — Não sei [...] Isso dá uma dor de cabeça. (No quadrinho o casal estava assistindo à televisão muito de perto.)
   INV. — Tele...

N. — [...]
INV. — Tele...
N. — Telefone. Puta-que-pariu!
INV. — Telev...
N. — Televisão.

Um outro exemplo mostra como a aplicação desse procedimento artificial, para um sujeito sem necessidade dele, leva a resultados desastrosos. Sabemos que N tem dificuldades para nomear objetos mas não tem dificuldades para estruturar as expressões nem para interpretá-las convenientemente. Seu ponto crítico é o nome e o domínio de certas estratégias discursivas. Nas situações discursivas espontâneas, viu-se como N resolve bem sua dificuldade com recursos alternativos (descrições definidas, estereotipias, gestos, etc.) sem prejuízo da fluência discursiva. Quando, porém, é submetido às estratégias artificiais (como foi o caso da aplicação dos testes-padrão), N, sem o apoio contextual, quase que perde a linguagem. Observem a ginástica feita por mim para conseguir que N nomeasse a corrida de cavalos de uma foto:

(107) [26-07-84]

INV. — O que tão fazendo esses homens aí?
N. — Perna.
INV. — É, perna é que não falta aí.
N. — (Gargalhada.)
INV. — E o que estão fazendo esses homens?
N. — Tão fazendo concurso de [...] de [...] de [...].
INV. — Tão parados?
N. — Não.
INV. — Andando?
N. — Tão. Tão andando.
INV. — Só andando?
N. — Não. É [...] é [...]. Eu sei, eu sei, mas [...].

INV. — O senhor sabe... mas o quê?
N. — Senhor sabe, senhor, eu sei, corrida cavalo, corrida.

A primeira observação diante desse exemplo é a de que já não se reconhece N, nem sua linguagem [comparem o episódio acima com diálogos e narrativas da mesma época ou de épocas anteriores como (96), (101), (105)]. Ele mostra, pelo menos no início do diálogo, até sintomas que nunca havia mostrado de um agramatismo semelhante ao de P. Sua primeira resposta — "perna" — é uma tentativa de nomear "corrida". A seguir, N recorre a — "concurso de..." — com a mesma finalidade. Com a manutenção do mesmo procedimento de "perguntas", foi inútil todo esforço de induzi-lo a dizer qualquer coisa como "correr", ou "corrida de cavalos". A resolução da dificuldade de N somente se dá quando provoco processos de especularidade, retomando eu mesma o turno de N ("o senhor sabe... mas o quê"). Só então, apoiando-se em meu turno, explicita um percurso epilingüístico pelo qual lentamente chega a "corrida cavalo".

A lição que tiro é a de que não se podem generalizar procedimentos e estratégias: o importante é elaborá-las para cada sujeito em decorrência de uma avaliação e conhecimento mútuo que evidenciem as condições favoráveis para o seu desenvolvimento lingüístico. É claro que fica, também, evidente a vantagem das situações dialógicas naturais (contrapondo à artificialidade do meu último procedimento) para a reconstrução da atividade lingüística do afásico. Este parágrafo reforça as observações que fiz quando coloquei em paralelo situações dialógicas e narrativas espontâneas à aplicação dos testes-padrão.

Uma última observação: o diálogo é mesmo um fator decisivo para a avaliação e evolução da linguagem do sujeito afásico, mas não um "remédio milagroso" que o livre de todas as suas dificuldades. Enfim, meu objetivo não é mudar o estado patológico do afásico, em alguns aspectos, irreversível, mas levá-lo a conviver com suas dificuldades e reinstaurar-se em uma vida pessoal e social plena. Em outros termos, como já se pode observar no caso de P, levar o sujeito a incorporar as experiências de sua prática clínica às situações que enfrenta em seu dia a dia com outros interlocutores que não o investigador. Que N consegue fazê-lo mostra bem o episódio seguinte. N estava sendo apresentado a meu marido Jean por ocasião de uma visita que fizemos a sua casa; N explicava a Jean que tinha tido um problema cardíaco e não se conformava em ter que ficar de repouso e tomar banho sentado para não fazer esforço:

> (108) [fevereiro de 1985]
> N. — O médico não queria nem que eu tomava [...] (Gesto de se lavar.)
> J. — Banho.
> N. — Isso, porca la miséria! Tinha que pôr banco e tudo. Mas num fiz, num fiz. Abri o "chuá", "chuá" ...
> J. — Chuveiro.
> N. — É. Banho de chuveiro. Mas ele não sabe. Porca la miséria! (Risos.)

Procurarei traçar, para completar a descrição das dificuldades lingüísticas de N, um sumário descritivo e evolutivo:

1 — Logo no início do acompanhamento, N manifestava dificuldades em nomear e, em conseqüência disso e da atitude das pessoas com quem convivia:

    a — reduzia sua linguagem, praticamente, ao uso de estereotipias;

    b — de um modo geral, nem sequer aproveitava o prompting do investigador.

2 — Construídas as bases de uma melhor interação entre o investigador, N e sua família (intensificação do conhecimento mútuo, estabelecimento das regras do jogo conversacional no acompanhamento, encontro de temas partilhados, estabelecimento de laços interpessoais, etc.), as dificuldades se mantêm, mas N:

    a — consegue resolvê-las com o apoio interpretativo do contexto e mediante a utilização de recursos alternativos próprios (descrições definidas, estereotipias, gestos representativos, etc.), evitando que se rompa a continuidade discursiva;

b — incorpora o interlocutor como ponto de apoio para a construção de sua linguagem;

c — manifesta, por isso, uma rápida e nítida evolução no desempenho lingüístico em situações dialógicas e, sobretudo, de narrativas espontâneas; suas dificuldades reaparecem e se agravam nas situações decontextualizadas dos testes-padrão e de perguntas sobre fotos e quadrinhos com descaracterização de sua linguagem; observe-se que nestas situações o investigador é obrigado a fornecer um número maior de promptings do que nas situações discursivas.

3 — Nessa nova relação com o interlocutor, N apresenta a dificuldade de natureza discursiva que parece ser a fonte das demais:

a — nem sempre se diferencia do interlocutor: funde-se com ele retomando especularmente segmentos da fala do investigador para organizar a sua;

b — durante o acompanhamento longitudinal, entretanto, consegue incorporar o discurso direto em relatos, o discurso de outrem em sua atividade discursiva, temas partilhados durante o processo terapêutico, estratégias dialógicas experienciadas, táticas para solicitar interferência do interlocutor nos momentos de tensão.

4 — No curso do acompanhamento, N consegue conviver com suas dificuldades e exercer uma atividade lingüística e social adequada nas situações que enfrenta cotidianamente.

Em termos do tempo de evolução e dos resultados obtidos, podemos dizer que o processo reconstrutivo de N foi bem melhor que o de P (guardadas as diferenças entre ambos). Lembre-se que N me foi encaminhado logo após o episódio neurológico ao passo que P trouxe vários vícios, de uma "reeducação" anterior cuja imagem foi difícil de modificar. Por isso, foi mais fácil a N servir-se de mim para construirmos juntos uma série de estratégias discursivas que passaram a ser incorporadas em sua atividade lingüística cotidiana. P, na verdade, parece um "sujeito em férias permanentes" e tive que insistir muito em que exercesse outras atividades. Isso era desnecessário em relação a N. No caso de P, não aceitava as respostas e relatos "telegráficos", desenvolvendo uma série de estratégias para favorecer o desenvolvimento de processos intermediários a partir dos quais tem conseguido resolver parcialmente suas dificuldades. No caso de N tais estratégias eram até prejudiciais: sua avaliação e acompanhamento se deram quanto possível pela instauração de situações naturais de discurso. Observem que há maior incidência de promptings nos diálogos com P do que nos diálogos com N (exceto nos testes-padrão e situações artificiais).

Gostaria, enfim, de sublinhar que foi com N (meu primeiro sujeito) que aprendi *a me colocar na relação dialógica no lugar de meu sujeito*. Compreendi que N expressava sua dificuldade discursiva *deslocando-se para o meu lugar*. Esse apoio de N em mim, enquanto interlocutor, forneceu-me as pistas para orientar a reconstrução de suas dificuldades e me ensinou a interpretá-las *do lugar de onde provêm*. Para mim, esse lugar é a fonte da interpretação: na medida em que nos fundimos e nos diferenciamos nessa situação dialógica peculiar do acompanhamento clínico, a fala de um e de outro se completa na interpretação mútua e no suprimento recíproco. Foi com N que aprendi essa natureza especular da prática terapêutica — esse *espelho* em que nos refletimos um ao outro.

4. O problema tipicamente discursivo do sujeito L

Com a intenção de mostrar a importância dos procedimentos metodológicos de avaliação para fazer aparecerem outras faces comprometidas do objeto lingüístico, apresento aqui, sem fazer uma análise da evolução, o problema discursivo de L. Para servir de referência ao leitor, começo por caracterizar esse sujeito.

L nasceu em 30.11.1929. É brasileiro, divorciado e desenhista topográfico em uma secretaria do Estado. Refere que, em 8.3.84, estava sozinho dirigindo o carro, quando "percebeu repentinamente que havia sofrido um acidente". Refere, ainda, que ao sair do automóvel, não apresentava qualquer déficit muscular ou visual mas, tentando comunicar-se, percebeu que estava impossibilitado de falar. Recusou-se a procurar qualquer atendimento médico de urgência. Foi internado posteriormente no Hospital Irmãos Penteado para avaliação clínica: a hipótese de diagnóstico é de Acidente Cerebral Vascular (AVC) isquêmico, não confirmada por exames radiológicos (arteriografia e tomografia cerebral) por causa da recusa de L em submeter-se a tais exames. Foi encaminhado a nosso serviço de avaliação de linguagem em 31.5.84, tendo sido acompanhado até junho de 1985.

L não apresenta grandes problemas sintáticos ou semânticos que o impeçam de manifestar-se, mas um problema discursivo muito especial: exerce o papel de locutor sem, no entanto, exercer o de interlocutor. Em outras palavras, fala por si, deixando sempre de fora o interlocutor, cujas interferências desconsidera. Em termos dos processos dialógicos que considerei neste trabalho, L não chega a assumir a reversibilidade dos papéis na interlocução. Conseqüentemente, enfrenta mal os turnos do interlocutor, não produzindo as correspondentes respostas complementares. Ilustrarei essa dificuldade de L em exemplos em que se observam: por parte do sujeito,

— a manutenção do mesmo tópico discursivo, independentemente da ação do outro que se propõe a mudá-lo,

— a não incorporação do interlocutor,

e, por parte do investigador,

— as estratégias para levar L a reelaborar essas dificuldades.

    (109) [Investigador e L conversam sobre as atividades de L antes de tornar-se afásico.]
    INV. — O senhor lia jornal?
    L. — Antigamente?
    INV. — É.
    L. — Lia normal, normal, todos os dias.
    INV. — Revista * também o senhor lia?
    L. —   * Todos os dias lia jornal.
    [* indica, no turno do investigador, o ponto sobre o qual L sobrepõe sua fala, também marcada por *]
    INV. — Que re*vista o senhor lia?
    L. —   *Diário do Povo e Correio Popular são dois jornais que eu leio todos os dias.

INV. — E revista? Que que * o senhor lia?

L. —   * Eu nunca leio jornal de ler folhas e folhas. Na Folha, por exemplo, unidade certa...

INV. — O... * seu L ...

L. —   * e palavras cruzadas.

INV. — O senhor gostava de palavras cruzadas? Gosta ainda?

L. — Não sei nada. Não sei falar nada. Não sei palavra nenhuma. Não sei mais as palavras.

INV. — O senhor lia revistas? Que revistas o senhor lia? *Revista,* não jornal. *Revista* (Acentuando sempre "revista".)

L. — Que eu leio? [...30"...].

INV. — O senhor lia revistas? (Mostrando uma que tem na mão.)

L. — Revistas não lia. O máximo era jornal. Teve época que eu lia Digest, aí parei. E esses livrinhos de bolso você gosta? Não de coleção. Livro não, só de farwest, de polícia. Parei de ler: só jornal mesmo.

Observa-se muito bem como L tem dificuldades para expandir ou mesmo sair de um assunto de que está falando. L não mostra sinais de que esteja respondendo às minhas questões, tanto que sobrepõe sua fala à minha fala em quatro turnos consecutivos. Essa sobreposição se manifesta justamente quando o interlocutor tenta expandir o tópico discursivo (de jornal para revistas). É preciso encontrar uma via explicativa para essa dificuldade. Discursivamente, eu estou ausente para L, enquanto interlocutor, e essa ausência é levada ao extremo: L encadeia seus turnos um em relação ao outro sem que minha intervenção seja incorporada para qualquer efeito. De fato, os vários turnos de L, excluindo-se os meus, constituem um relato:

(110) "Lia normal, normal, todos os dias. Todos os dias lia jornal. Diário do Povo e Correio Popular são dois jornais que leio todos os dias. Eu nunca leio jornal de ler folhas e folhas. Na Folha, por exemplo, unidade certa e palavras cruzadas."

Ao mesmo tempo em que não me incorpora enquanto interlocutor, L dificulta meu acesso a ele de modo que se torna impossível fazê-lo expandir ou mudar de tópico. Isso somente ocorre ou quando ele mesmo toma a iniciativa ou quando consigo romper a circularidade — o "looping" — em que está. É o caso, por exemplo, de sua passagem do tema "jornal" para o tema das palavras cruzadas. Observe-se que foi aproveitando essa expansão, aderindo a ela, que eu consigo fazer que a situação se reverta logo a seguir. Eu entrei em seu jogo e tentei fazê-lo finalmente assumir o tema das revistas. L ficou em longo silêncio, o que indica a tensão da consciência de sua dificuldade. Aproveitei-me desse momento especial para exibir um elemento da situação (a revista que tinha em mãos) e conseguir romper o "looping". O importante é notar que a estratégia do investigador no caso é encontrar uma via de acesso para que por meio do investigador o sujeito instaure a relação de reversibilidade necessária ao diálogo.

A dificuldade de L de atuar lingüisticamente (seja falando, seja acompanhando e interpretando a fala de outrem) sobre um tópico que não escolheu e do qual se sente excluído pode ser vista em um novo exemplo:

(111) [Investigador e L conversam sobre os programas que L vê na televisão. L diz assistir ao jornal falado e reconhece sua dificuldade em seguir o noticiário.]

L. — Não gosto muito de tevê. ... Novela, essas coisa num gosto. Noticiário, alguma coisa interessante. O jornal, assisto muito jornal. *Mas por ser lido prá eles, os retores, os jornalistas, tem uma coisa que eu não consono a voz, a voz junto*

>　　　*com eles,* entendeu? *Então fica, fica*
>　　　[...].
> INV. — O senhor perde?
> L.　— Eu fico prá trás. É. Eu perco.

O problema de L fica evidente: tem dificuldade de inserir-se em uma situação discursiva que é orientada por outros interlocutores. Em seu testemunho identifico a dissonância entre a voz dos repórteres ("por ser lido prá eles") e L (que fica para trás, perdido). L se sente excluído, a ponto de indicar uma falta de sintonia entre o que é dito e o que pode acompanhar do que é dito: "num consono a voz junto com eles". Um fato semelhante se deu por ocasião da avaliação de agnosia de cor: L respondeu adequadamente a cor de vários objetos. Mas quando lhe perguntei a cor do alface, não havia meios de fazê-lo responder. Durante um minuto e quarenta segundos fiquei tentando obter a resposta; ele arriscava qualquer coisa, aborrecia-se e dizia:

>　　(112) N. — Não entendo o que você fala. *Você tem que falar para mim que palavra que é.* Eu não estou entendendo.

Diante do aumento da tensão de ambos, resolvi interromper o processo, servindo-me do artifício de pronunciar a palavra "alface" à medida que a escrevia. Bastou escrever "ALFA" para que imediatamente me dissesse "verde". Foi pela escrita que L conseguiu sair do looping em que se encontrava. O fato de L me dizer que eu tinha que falar para ele a palavra, como se eu não a estivesse dizendo, interpreto-o como sendo um sintoma de que L imagina que o interlocutor fale com ele da mesma forma que ele mesmo faz com o investigador, ou seja, preenchendo turnos, falando por falar, sem organizar seu dizer em função do outro. Com essa avaliação, foi-me possível construir com L uma estratégia para que escapasse a sua dificuldade quando em contato com outros interlocutores. Ele deveria pedir a seus interlocutores que não somente lhe falassem mas se servissem de gestos, escrita, ostensões, etc. Isso me ocorreu quando observei que L ficara muito aborrecido por não ter podido acompanhar a explicação de um vendedor quanto ao plano de pagamento da revisão de seu carro.

Sugeri-lhe que voltasse à loja e pedisse ao vendedor que lhe desse por escrito o plano. Com o sucesso da experiência, L passou a utilizar-se dessa estratégia no supermercado, em bancos e outras situações.

Outra vez reitero o aspecto mais importante dessas estratégias. Elas têm o sentido preciso de ser um instrumento que ajuda o afásico a tratar sua dificuldade no ponto exato de sua maior tensão e assim encontrar alternativas para conviver com ela. É exatamente esse procedimento que pode trazer ao sujeito o conhecimento dos processos de reconstrução de sua atividade lingüística e com isso levá-lo a reconstituir-se como sujeito nas situações de linguagem que enfrenta.

Conclusão

Nesta conclusão, farei uma reflexão sobre os aspectos relevantes para meus propósitos que perpassam todo esse trabalho. Particularmente, a relação entre a avaliação e o processo terapêutico e as vantagens de uma avaliação e prática clínicas feitas de uma perspectiva discursiva.

O trabalho nasceu de uma insatisfação de como a avaliação de sujeitos afásicos vem sendo conduzida tradicionalmente, tanto em relação à visão de linguagem subjacente, quanto pelos problemas "sem saída" que o sujeito afásico enfrenta no processo terapêutico. Se se tomam separadamente a avaliação e a prática terapêutica, passa aquela a servir exclusivamente ao diagnóstico da localização da lesão e a uma classificação da afasia. Já vimos a que conseqüências a utilização desse binômio e ainda a manutenção de um de seus pólos têm conduzido a avaliação. Se se toma, por outro lado, a avaliação de linguagem como representativa das alterações lingüísticas por que passa um sujeito afásico, sente-se o desconforto de perceber que o sujeito afásico, após ter sido avaliado por testes-padrão, enfrenta algo muito diverso do que lhe serviu de suporte para seu próprio diagnóstico. Em outras palavras, se a avaliação deve servir ao diagnóstico e a classificação da afasia, em que medida ela concerne realmente ao sujeito afásico?

O que aponto como descontinuidade entre a avaliação e o processo terapêutico (mesmo que não sejam feitos pelos mesmos profissionais) deriva, certamente, da visão reduzida de linguagem através da qual se vêem e se interpretam os fatos. Na avaliação tradicional, a concepção de linguagem se assenta em uma perspectiva de língua como um código e da descrição desse código com base em critérios exclusivamente internos e em uma atitude metalingüística na consideração dos fatos lingüísticos que emergem dessa metodologia. A atividade mesma do sujeito afásico pela qual, com os recursos expressivos de que dispõe, ele atua pela linguagem, constrói a significação, lida com as múltiplas faces do objeto lingüístico, reconstrói nas situações os recursos alternativos para a produção discursiva, tudo isso fica sem sustentação teórica e à margem do escopo dos procedimentos avaliativos e terapêuticos. Em resumo, coerentemente com os procedimentos avaliativos, a terapia acaba por centrar-se nos mesmos parâmetros e na mesma atitude metalingüística.

Essa descontinuidade acarreta ainda um problema mais sério: a fragmentação da estrutura analítica que serviu à avaliação e à terapia e a redução da linguagem do sujeito afásico aos esquemas fragmentários descritos. Ao contrário, a visão de linguagem, cujos pontos nucleares foram apresentados na primeira parte deste trabalho, e a estrutura analítica de que me sirvo baseiam-se em dois eixos fundantes: as condições reconstituidoras do sujeito afásico e as condições de determinação da significação no discurso. Sujeito e construção da significação constituem o ponto de partida para a elaboração das estratégias avaliativas e clínicas com que enfrento o acompanhamento terapêutico. Faz parte dessas opções teóricas explicativas e das hipóteses analítico-descritivas investigar as condições em que o sujeito afásico opera com sua linguagem e reelabora suas dificuldades: nessa linha de pesquisa, torna-se indispensável restabelecer a interação entre locutor e interlocutor e a construção conjunta de episódios dialógicos. É justamente a instanciação da produção conjunta da linguagem que aproveito para elaborar as condições de restituição pessoal e social do sujeito afásico.

Com esse modo de proceder, ultrapassam-se de longe resultados da avaliação e processos terapêuticos usuais: já não se fica restrito ao preenchimento de faltas lexicais e ao exercício mecânico de resolução articulatória. Além dos fenômenos articulatórios e de "expressão e compreensão" de palavras e frases isoladas de seu contexto, abrangem-se, na construção dialógica e contextualizada da linguagem, o uso de recursos alternativos de natureza sintática, os processos intermediários epilingüísticos dessa reconstrução, os esquemas semânticos complexos nela envolvidos e, mais ainda, os problemas de integração do sujeito nas condições de produção do discurso. Isso significa o agenciamento de inúmeros fatores que interferem na construção da significação, não "estritamente lingüísticos" (no sentido estruturalista): as condições da situação imediata, a imagem recíproca dos interlocutores, o conhecimento partilhado ou não, as negociações e ajustes na interlocução, processos intermediários de operar do sujeito afásico, discursos anteriores, pressuposições, implícitos, inferências, etc. A importância dessas condições de determinação discursiva da significação, para a constituição do indivíduo como sujeito pela linguagem, torna-se transparente na fala de Osakabe: "O indivíduo é sujeito na medida em que se enuncia" (Notas de curso).

Posso resumir tudo isso em uma declaração de atitude: interessa-me privilegiar o sujeito, conferindo-lhe um lugar prioritário em relação à afasia de que é portador. Não que me desinteresse pela teoria da afasia. Mas não se pode escamotear o sujeito, fonte de origem dos dados, com quem vou construir o modo de avaliá-lo e acompanhá-lo, em sua peculiaridade e especificidade. A avaliação nasceu, portanto, do encontro dos sujeitos (sujeitos afásicos e não afásicos, entre estes incluído o investigador) nos processos lingüísticos utilizados para produzir a significação em episódios de interação pessoal e dialógica.

Nesse empreendimento, foi possível tomar alguns cuidados que não se observam na prática tradicional: não confundir diferenças de natureza lingüística, como variedades de uso, com déficits a serem arrolados, isto é, não enxergar déficits onde existem diferenças; não incorporar de imediato a terminologia afasiológica, cheia de conotações negativas, como contaminação, perseveração, parafasias, ecolalia, resposta em eco, palilalia, etc. para que esses sintomas (tomados como meros critérios de classificação) não mascarem processos lingüísticos de construção ou organização da produção do sujeito; não confundir produtos transitórios, muitas vezes típicos da construção de objetos lingüísticos, como os resultantes de processos de especularidade, mas tomá-los como o fio condutor pelo qual o sujeito afásico se orienta pelo interlocutor em sua atividade lingüística. É que o investigador não é um sujeito exterior e distante que "observa, analisa e teoriza", mas um verdadeiro interlocutor que participa do espaço de linguagem em que o afásico se reconstitui como sujeito. O investigador contribui oferecendo as condições para o afásico operar com a linguagem (transformar, cortar, inserir, dizer de outra maneira, recorrer a elementos paraverbais, etc.) e atuar sobre o outro e sobre o mundo.

Uma avaliação centrada em uma perspectiva discursiva amplia o universo de estudo dos problemas lingüísticos do sujeito afásico e oferece acesso empírico à observação e análise das múltiplas faces do objeto lingüístico envolvidas em um determinado processo patológico. É um bom momento para lembrar Foucault (1961, p. 34): "Uma descrição estrutural da doença deveria, então, para cada síndrome, analisar os sinais positivos e negativos, isto é, detalhar as estruturas abolidas e as estruturas realçadas." Completaria essa passagem de Foucault, dizendo que me interesso por estudar a linguagem do sujeito afásico para conhecer o que *a afasia apaga* e o que *o sujeito sublinha*. E essa atividade do sujeito, aquilo que realça, os recursos que emergem a partir de sua doença, não poderá ser depreendida fora de condições de exercício da linguagem. Importa menos estudar o resíduo que a afasia provocou no sujeito (reconhecimento de déficits através de sintomas) e mais conhecer suas dificuldades e favorecer o desenvolvimento de alternativas próprias para reelaborá-las. Sei que com esse procedimento, dada a singularidade de cada sujeito e da relação desse sujeito com o profissional envolvido no acompanhamento, trabalho na "obscuridade" de uma prática intersubjetiva, sem esquemas nem receituário prévios. É desse "não sei por onde vou, mas sei que não vou por aí" (José Régio, "Cântico Negro") que nascem as possibilidades de formas de ação (minha e do afásico). Tento, por isso, relativizar a tarefa do reconhecimento classificatório (uma tipologia da afasia) e intensificar a do conhecimento do sujeito afásico.

Foucault (1961, pp. 42, 45, 52), de quem compartilho a visão de patologia, ao refletir sobre o aspecto regressivo da doença, diz: "Só se pode escapar do presente, colocando outra coisa em seu lugar; e o passado que vem à tona nas condutas patológicas, não é o solo originário ao qual se retorna como a pátria perdida, é o passado fictício e imaginário das substituições.".... "É a partir desse presente, da situação atual, que é preciso compreender e dar sentido às regressões evolutivas que surgem nas condutas patológicas; a regressão não é somente uma virtualidade da evolução, é uma conseqüência da história.".... "A psicologia da evolução, que descreve os sintomas como condutas arcaicas, deve, então, ser completada por uma psicologia da gênese que descreve, numa história, o sentido atual dessas regressões."

Na prática que descrevi, se podem reencontrar as atitudes sugeridas por Foucault. Sei qual seria a caracterização de P do ponto de vista da afasiologia e dos sintomas lingüísticos que apresenta: perturbação na passagem da idéia à frase, falta de preposição e conjunção, desuso das flexões verbais, emprego de palavras-frase em "estilo telegráfico", aproveitamento do prompting, ocorrências de parafasias deformantes e não deformantes, aglutinações (ver, por ex., Lesser, pp. 121-46). Esse quadro caracteriza lingüisticamente P como agramático. Para uma discussão a respeito da "compreensão agramática" (agrammatic comprehension) remeto o leitor para a excelente compilação de Caplan (1985, pp. 125-162). Do ponto de vista terapêutico, P seria acompanhado por uma terapia que se vê exemplarmente em Basso (1977, p. 87): no caso do paciente agramático, "é preciso estar muito atento para não deixar *passar, sem correção, os erros gramaticais*" e, ainda, "*completar os erros faltantes*". Meu sujeito N seria caracterizado lingüisticamente, do ponto de vista da afasiologia, por uma anomia severa para nomes de objetos e pessoas, e seu acompanhamento terapêutico iria na direção de: como afásico amnéstico, não tem problemas com a construção gramatical da frase mas com nomes; assim "não só *não é necessário usar precocemente as frases, mas é melhor permanecer por longo tempo nos exercícios de denominação*" (Basso, 1977, p. 88). No caso de meu sujeito L, os sintomas afásicos são em favor de um quadro de afasia sensorial: problemas de compreensão, fala logorréica ou loquaz, iterações, dificuldades de repetição, melhor compreensão se o comando for dado por escrito, dificuldades em reconhecer palavras que lhe são familiares e, às vezes, um desconhecimento de seu próprio estado patológico (anosognosia). Em casos como tais, Basso (1977, pp. 49 ss.) sugere que, na "reeducação", os exercícios de compreensão façam com que *as respostas do sujeito não sejam verbais,* devido ao déficit de que sofre, mas gestuais" (indicações de objetos, figuras, indicação por categoria, indicação sob definição, execuções de ordens). [Nas três citações, os grifos são meus.] Não é à-toa que alguns estudiosos, ocupados nesse tipo de terapia, desanimam com os resultados inócuos obtidos.

Espero ter mostrado o quanto me diferencio desse tipo de avaliação e "reeducação". Vejo P com uma dificuldade discursiva que deságua em problemas sintáticos de estruturação das orações, com conseqüências, sob tensão, de problemas articulatórios. Quero dizer com isso que a linguagem de P revela uma superposição de várias faces do objeto lingüístico: a falta de relações dêiticas (flexões verbais, artigos, demonstrativos, etc.) revela uma dificuldade de P em integrar-se na situação discursiva de fato e incorporar seu interlocutor como estruturante de sua fala; sendo o verbo o portador por excelência de índices dessas relações, seu uso fica comprometido, tendo como resultado uma dificuldade sintática de estruturação das orações; disso, do fato que o verbo é o elemento de coesão na estrutura oracional, decorre ainda uma dificuldade generalizada com todos os relatores (preposições, conjunções, palavras nominais de relação). No processo de reconstrução de sua linguagem, depois de um período de tateio tendo em vista os defeitos trazidos da terapia anterior, servi-me de estratégias correspondentes a essa nova avaliação: mediante o controle das condições de produção em situações dialógicas, fui fazendo aparecerem processos intermediários alternativos que, explorados em inúmeras outras situações, acabaram levando-o a reelaborar essas dificuldades nas situações de discurso espontâneo. Não se tratou de "corrigir erros" ou "insistir nas faltas", mas de favorecer o uso de mecanismos de descoberta e expressão que o próprio sujeito elaborava.

Encaminho o processo de reconstrução das dificuldades de L no sentido de quebrar o looping sobre si mesmo, mediante estratégias de penetração em sua fala. É assim que interfiro dialogicamente: mudo o tema de conversação, faço-me incorporar por vias menos problemáticas (gestos, escrita, objetos, etc.) tornando-me presente no jogo em que L estabeleceu as regras, ou seja, em que prefere tomar a iniciativa da fala e discorrer sozinho. Não se trata, pois, de "privá-lo da linguagem", como na prática sugerida por Basso: ao contrário, opto por uma intensa interação na linguagem, por uma forma de ação em que o outro é um fator constitutivo. Difícil para L é atuar pela linguagem e ser sensível à atuação do interlocutor: seu discurso é um bloco construído independentemente do interlocutor, o que estampa a lacuna da reversibilidade e mutualidade do diálogo. É desse aspecto puramente discursivo que decorrem as chamadas dificuldades de compreensão.

O acompanhamento longitudinal de N deu-se no seguinte sentido: a face discursiva de seu problema lingüístico mostra que acentua processos especulares, o que lhe dificulta uma diferenciação de si próprio em relação ao interlocutor. A fusão é a propriedade dialógica "sublinhada" (nos termos de Foucault). Nessa perspectiva interpreto a iteração patológica: uma contaminação, resposta em eco, palilalia, etc. asseguram ao sujeito pelo menos um lugar (por onde começar) para a interação dialógica. Esses "sintomas" são para mim o vestígio de processos em que a diferenciação pode ser trabalhada. A recomendação de um exercício de "recuperação" baseado exclusivamente em tarefas de denominação somente agravaria, como vimos, as dificuldades de N, por distanciar, pela decontextualização, o ponto de apoio que deve buscar no interlocutor para reelaborá-las.

Essa ampliação do papel da avaliação e a atitude e tipo de conduta correspondente em minha prática têm sido o modo pelo qual consigo entender e lidar com a natureza da linguagem patológica. Fecho com Foucault (1961, pp. 57-8):

> "O médico não está do lado da saúde que detém todo conhecimento sobre a doença; e o doente não está do lado da doença que tudo ignora sobre si mesma, até sua própria existência. O doente reconhece sua anomalia e dá-lhe, pelo menos, o sentido de uma diferença irredutível que o separa da consciência e do universo dos outros.

Mas o doente, por mais lúcido que seja, não tem sobre seu mal a perspectiva do médico; não toma jamais esse distanciamento especulativo que lhe permitiria apreender a doença como um processo objetivo desenrolando-se nele, sem ele; a consciência da doença é tomada no interior da doença; está consolidada nela e, no momento em que a percebe, exprime-a."

Bibliografia

Arrolam-se os títulos referidos pela data da edição original. Quando se consultou tradução ou reedição, estas vêm indicadas.

Albano, E. C. (1986) — "Fazendo o sentido do som". A sair nos Anais do II Encontro Nacional de Fonética e Fonologia, Brasília.

Austin, J. L. (1962) — *How to Do Things with Words*. Oxford: Clarendon Press.

Bar-Hillel, Y. (1954) — "Indexical Expressions", in *Mind*, 63, 359-379.
[Trad. brasileira: "Expressões Indiciais", in M. Dascal (org.), *Fundamentos Metodológicos da Lingüística*, vol. IV (Pragmática. Problemas, Críticas, Perspectivas da Lingüística). Campinas: UNICAMP, 23-49; 1982.]

Basso, A. (1977) — *Il Paziente Afasico*. Milão: Feltrinelli.

Benveniste, E. (1950) — "La Phrase Nominale", in *Bulletin de la Société de Linguistique de Paris*, 56, I-132.
[Reeditado em *Problèmes de Linguistique Générale* (I). Paris: Gallimard, 151-167; 1966.]

Benveniste, E. (1970) — "L'Appareil Formel de l'Enonciation", in *Langages*, 17, 13-18.

Botha, R. P. (1973) — *The Justification of Linguistic Hypothesis*. The Hague-Paris: Mouton.

Callegaro, D. e R. Nitrini (1983) — "Afasias", in H. M. Canelas, J. L. Assis e M. Scaff, *Fisiopatologia do Sistema Nervoso*. São Paulo: Savier, cap. 20, 383-402.

Camaioni, L.; M. F. de Castro Campos e C. T. G. de Lemos (1985) — "On the Failure of the Interactional Paradigm in Language Acquisition: a re-avaluation", in W. Doise e A. Palmari (orgs.), *Social Interaction in Individual Development*. Cambridge: Cambridge University Press.

Caplan, D. (1985) — "Syntactic and Semantic Structures in Agrammatism", in M-L Kean (org.), *Agrammatism*. New York: Academic Press, 125-52.

Carneiro, C. (1985) — *Primeiras manifestações de expressões de relações espaciais na aquisição do Português como primeira língua*. Tese de Mestrado, UNICAMP.

Castro Campos, M. F. de (1985) — *Processos dialógicos e construção de inferências e justificativas na aquisição da linguagem*. Tese de Doutorado, UNICAMP.

Chomsky, N. (1965) — *Aspects of the Theory of Syntax*. Cambridge, Mass.: The MIT Press.

Chomsky, N. (1984) — "Changing Perspectives on Knowledge and use of Language" (manuscrito da versão preliminar).

Culioli, A.; C. Fuchs e M. Pêcheux (1970) — *Considérations Théoriques à propos du Traitement formel du Langage*. Documents de Linguistique Quantitative, 7. Paris: Dunod.

De Lemos, C. T. (1981) — "Interactional Processes in the Child's Construction of Language", in W. Deutsch (org.), *The Child's Construction of Language*. Londres: Academic Press, 57-76.

De Lemos, C. T. (1982a) — "Sobre a aquisição da linguagem e seu dilema (pecado) original". Boletim da ABRALIN, 3.

De Lemos, C. T. (1982b) — "La Specularità come Processo Constitutivo nel Dialogo e nell'Acquisizione del Linguaggio", in L. Camaioni (org.), *La Teoria de Jean Piaget*. Firenze: Giunti-Barbera, 64-74.

De Lemos, C. T. (1984) — "Teorias da Diferença e Teorias do Déficit: "Reflexões sobre Programas de Intervenção na Pré-escola e Alfabetização", in *Anais do Seminário Multidisciplinar de Alfabetização*. Brasília: INEP.

De Lemos, C. T. (1986) — "A Sintaxe no Espelho", in *Cadernos de Estudos Lingüísticos*, 10, IEL, UNICAMP.

Ducrot, O. (1972) — *Dire et ne pas Dire: Principes de Sémantique Linguistique*. Paris: Herman.

Ferreiro, E. (1984) — "La Prática del Dictado en el Primer Año Escolar", in *Cuadernos de Investigación*, 15. México: DIE.

Figueira, R. A. (1985) — *Causatividade: um estudo longitudinal de suas principais manifestações no processo de aquisição do Português por uma criança*. Tese de Doutorado, UNICAMP.

Fillmore, C. J. (1968) — "The Case for Case", in E. Bach e G. Harms (orgs.), *Universals in Language*. New York: Holt Rinehart & Winston, 1-88.

Fillmore, C. J. (1971) — "Some Problems for 'Case Grammar' ", in *Monograph Series on Language and Linguistics*, 24. [Trad. francesa: "Qualques Problèmes Posés à la Grammaire Casuelle", in *Langages*, 38, 65-80.]

Fillmore, C. J. (1976) — "Frame Semantics and the Nature of Language", in S. R. Stevan, H. D. Steklis e J. Lancaster (orgs.), *Origins and Evolution of Language and Speech*. Annals of the New York Academy of Sciences, volume 280.

Fillmore, C. J. (1977) — "The Case for Case reopened", in *Syntax and Semantics*, 8 (Grammatical Relations). New York: Academic Press, 59-81.

Foucault, M. (1961) — *Doença Mental e Psicologia*. Rio de Janeiro: Tempo Brasileiro.

Franchi, C. (1971) — *Hypotheses pour une Recherche en Syntaxe*. Dissertação de Mestrado. D. E. S. de Linguistique Française, Université de Provence.

Franchi, C. (1975) — *Hipóteses para uma Teoria Funcional da Linguagem*. Tese de Doutorado. Campinas: Dep. de Lingüística, IFCH, UNICAMP.

Franchi, C. (1977) — "Linguagem — Atividade Constitutiva", in *Almanaque*, 5. São Paulo: Brasiliense, 9-27.

Françozo, E. (1986) — "Afasia e Lingüística no Século XIX: uma história do que não houve". Comunicação apresentada no XXXI Seminário do GEL. A sair em *Estudos Lingüísticos*.

Goldstein, K. (1933) — "L'Analyse de l'Aphasie et l'Étude de l'Essence du Langage", in *Journal de Psychologie Normale et Pathologique*, 30, 430-496.

Goldstein, K. (1948) — *Language and Language Disturbances*. New York: Grune & Stratton.

Hécaen, H. e J. Dubois (1969) — *La Naissance de la Neuropsychologie du Langage* (1825-1865). Paris: Flammarion.

Hécaen, H. e G. Lanteri-Laura (1977) — *Évolution des Connaissances et des Doctrines sur les Localisations Cérébrales*. Paris: Desclée de Brouwer.

Hjelmslev, L. (1943) — "Langue et Parole", in *Cahiers E. de Saussure*, 2, 29-44. [Reeditado em *Essais Linguistiques*. Paris: Minuit, 77-89.]

Huvelle, R.; S. Bedynet; J. Dechamps e V. Deschrijver (1979) — *L'Aphasie*. Bruxelles: VCB SA.

Jackendoff, R. S. (1972) — *Semantic Interpretation in Generative Grammar*. Cambridge (Mass.): MIT Press.

Jakobson, R. (1954) — "Deux Aspects du Langage et Deux Types d'Aphasie", in *Fondamentals of Language*. La Haye: Mouton.
[Reeditado em *Essais de Linguistique Générale*. Paris: Minuit, 1963, 43-67.]

Katz, J. J. (1972) — *Semantic Theory*. New York: Harper & Row.

Labov, W. (1972) — *Sociolinguistic Patterns*. Philadelphia: University of Pennsilvania Press.

Lahud, M. (1979) — *A Propósito da Noção de Dêixis*. São Paulo: Ática.

Lebrun, Y. (1983) — *Tratado da Afasia*. São Paulo: Paramed Editorial.

Lebrun, Y. e C. Leleux (1979) — *Précis d'Aphasiologie*. Bruxelles: UCB SA.

Lesser, R. (1978) — *Linguistic Investigations of Aphasia.* London: Arnold, 121-46, 166-188.

Lier, M. F. (1983) — *A Constituição do Interlocutor Vocal.* Tese de Mestrado, PUC-SP.

Luria, A. R. (1966) — *Higher Cortical Functions in Man.* New York: Basic Books.

Luria, A. R. (1977) — *Neuropsychological Studies in Aphasia.* Amsterdan: Swets & Zeitlinger B. V.

Lyons, J. (1968) — *Introduction to Theoretical Linguistics.* Cambridge: Cambridge University Press.
[Trad. francesa: *Linguistique Générale.* Paris: Larousse.]

MacCabe, C. (1981) — "On Discourse", in C. MacCabe (org.), *The Talking cure: Essays in Psychoanalysis and Language.* London: The McMillan Press.

Maingueneau, D. (1981) — *Approche à l'Énonciation en Linguistique Française.* Paris: Hachette.

Malinovsky, R. (1923) — "El problema del Significado en las Lenguas Primitivas". Publicado como suplemento em C. K. Ogden e I. A. Richards, *The Meaning of Meaning.* London.
[Trad. espanhola: *El Significado del Significado.* Buenos Aires: Paidós, 1954 (2.ª edição: 1964, 312-360).]

Osakabe, H. (1979a) — *Argumentação e Discurso Político.* São Paulo: Kairós.

Osakabe, H. (1979b) — "Sobre a noção de discurso", in *Sobre o Discurso.* Uberaba: FISTA, 20-25.

Paul, H. (1880) — *Prinzipien der Sprachgeschichte.* Tubingen: Max Niemeyer.
[Trad. portuguesa: *Princípios Fundamentais da História da Língua.* Fundação C. Gulbenkian, 1970.]

Perroni, M. C. (1983) — *Desenvolvimento do Discurso Narrativo.* Tese de Doutorado, UNICAMP.

Riese, W. (1977) — "Discussion about Cerebral Localisation in the Learned Societies of the 19th century", in *Selected Papers in the History of Aphasia.* Amsterdan: Swets & Zeitlinger BV., 53-69.

Saussure, F. (1916) — *Cours de Linguistique Générale.* Paris: Payot.

Scarpa, E. M. (1984) — *Dialogical processes and the development of intonation in two Brazilian Children.* Tese de Doutorado, Universidade de Londres.

Scarpa, E. M. (1985a) — "Intonação e Processos Dialógicos: fusão ou diferenciação?", in *Aquisição da Linguagem.* Uberaba: FISTA, 56-74.

Scarpa, E. M. (1985b) — "A emergência da coesão intonacional", in *Cadernos de Estudos Lingüísticos,* 8, IEL, UNICAMP.

Searle, J. (1969) — *Speech Acts.* London: Cambridge University Press.

Shank, R. C. e R. P. Abelson (1972) — "Scripts, Plans and Knowledge", in IJCAI, 4, 151-157.
Sperber, D. e D. Wilson (1986) — *Relevance: Comunication and Cognition.* Oxford: Basil Blackwell Ltd.
Trudgill, P. (1974) — *Sociolinguistics: an Introduction to Language and Society.* New York: Penguin Books.
Wittgenstein, L. (1945) — *Philosophische Untersuchungen.*
[Trad. brasileira: *Investigações Filosóficas.* Coleção Pensadores, 46. São Paulo: Abril Cultural, 1975.]

IMPRESSÃO E ACABAMENTO:
YANGRAF FONE/FAX: 218.1788